AF232174

L 27 n
25140

RICHELIEU INGÉNIEUR,

MÉMOIRES DU MÊME AUTEUR :

Parallélisme des progrès de la civilisation et de l'art militaire,
    1861.
L'art des indices, 1862.
Hannibal en Italie, 1863.
L'art militaire pendant les guerres de religion, 1864.
Le bonheur à la guerre. 1865.
Des imitations militaires, 1866.
Réflexions sur les talents militaires de Louis XIV, 1867.
Des rapports entre la richesse et la puissance militaire des États
    1868.

RICHELIEU

INGÉNIEUR

PAR

ÉD. DE LA BARRE DUPARCQ

—

MÉMOIRE

LU A L'ACADÉMIE DES SCIENCES MORALES ET POLITIQUES

PARIS

CH. TANERA, ÉDITEUR

LIBRAIRIE POUR L'ART MILITAIRE, LES SCIENCES ET LES ARTS

RUE DE SAVOIE, 6

—

1869

ARGUMENT :

INTRODUCTION.

On lit dans un livre (1) paru en 1864 : « L'histoire nous montre Richelieu abattant, rasant les forteresses seigneuriales, et n'admettant en grâce les villes révoltées qu'au prix de leurs murailles. A le voir ainsi, on pourrait être tenté de le croire ennemi de la fortification. Loin de là, il s'occupait de nos frontières et nourissait des prétentions à la connaissance de l'art de fortifier, art géométrique en effet, dont une grande intelligence peut saisir les principes, sans même l'avoir étudié dans sa jeunesse. » Je désire reprendre l'assertion contenue dans ce passage, et examiner si en effet Richelieu s'entendait à l'art des fortifications, s'il a contribué à ses perfectionnements en France, si son influence a prolongé les défenses de places et accéléré les attaques de forteresses offertes par les guerres qu'il a dirigées, en un mot si l'on peut dire, dans le sens propre du mot, qu'il y avait en lui l'étoffe d'un ingénieur militaire.

Il est certain que le célèbre cardinal aimait à s'occuper de guerre, parce qu'il en comprenait l'importance comme moyen

(1) *Histoire de l'art de la guerre*, 2ᵉ partie, Depuis l'usage de la poudre, 1864, p. 165.

politique, peut-être aussi parce que la précision et l'absolu-
tisme des formes qu'elle emploie convenait à la nature de son
esprit (1) ; sous Louis XIII c'est lui qui projète et exécute les
grandes opérations militaires, pendant que le monarque
s'occupe des détails avec cette exactitude et ce soin dont fera
preuve le méthodique Louis XIV.

Richelieu ne restait pas étranger par son éducation aux
choses de la guerre, et quand, à la fin du passage précité, on
disait qu'une grande intelligence pouvait s'initier à la science
des fortifications, sans l'avoir étudiée pendant ses jeunes
années (2), l'auteur parlait en général (3). Nous savons en
effet qu'il avait été élevé pour la guerre, n'étant encore que

(1) Il aimait à commander et s'il accordait beaucoup au mérite,
c'était au mérite *soumis*, suivant l'expression de d'Auvigny.
Aussi il s'obstinait dans la confiance que lui arrachait le dévouement
à sa personne, comme l'a remarqué M. de Rémusat, *Revue des Deux-
Mondes*, 1854, t. 5, p. 792. — *Un chef en une armée et point de
conseils publics*, le mot est bien de Richelieu (Lettre au Roi,
22 août 1638), et il l'appliquait au civil, comme au militaire. —
Lorsque nous citerons une lettre de Richelieu, notre citation sera
ordinairement empruntée à l'excellente publication de notre ancien
condisciple, M. Anatole Avenel: *Lettres, instructions diplomatiques
et papiers d'Etat du cardinal de Richelieu* dans la collection des
Documents inédits sur l'histoire de France, 6 vol. in-4°, 1853-1867.

(2) N'oublions pas le chapitre qui termine le tome Ier de l'*Art de
la guerre* du maréchal de Puységur : « que sans faire la guerre, et
sans troupes, on peut apprendre toutes les parties de l'art militaire
et en faire l'application sur le terrain. »

(3) Bossuet peut être cité ici comme exemple ; il parle admirablement guerre, campements, retranchements, dans son Oraison
funèbre du grand Condé.

le marquis du Chillon. Son initiation à la science de l'ingénieur militaire datait-elle de cette époque et provenait-elle
d'nn maître habile ? Ses biographes, Aubery compris (1), se
bornent à dire que du collége de Lisieux où il était venu après
avoir étudié au collége de Navarre, *il passa à l'Académie pour
être instruit dans les exercices militaires.* En quoi consistaient
ces exercices ? Si nous nous en rapportons au projet d'une
Académie militaire dicté par Richelieu en décembre 1636,
pour étendre et compléter l'Académie fondée sur sa proposition dans la vieille rue du Temple (2), ils comprenaient l'équi-
tation, la voltige, l'escrime, les mathématiques et les fortifications (3); mais avant l'époque précitée et surtout au temps
où Richelieu achevait son temps d'Académie, c'est-à-dire
vers 1602, alors qu'il comptait dix-sept ans, étudiait-on
dans cet établissement l'art de fortifier? c'est moins certain.

Quoi qu'il en soit, la probabilité, en la calculant sur la
marche ordinaire des faits, indique chez le cardinal de Richelieu une connaissance générale et peu approfondie de la fortification dans sa jeunesse, puis un goût prononcé en faveur

(1) *Histoire du cardinal duc de Richelieu*, par le sieur Aubery,
Advocat au parlement et aux conseils du Roy, Paris, chez Bertier,
in-folio, p. 6.

(2) L'Ecole préparatoire de Lonpré n'existait pas encore. Voyez
Mémoires sur Carnot, par son fils, t. I, p. 87-89.

(3) On devait y enseigner aussi la logique, la physique, la mé-
taphysique, la morale, la géographie et l'histoire. Le projet de
cet établissement, reproduit à la page 722 du tome V des *Lettres et
papiers d'État* de Richelieu, ne parle pas de fortification.

de cette science dans son âge mûr. Ce goût naquit sans aucun doute de sa participation plus ou moins grande aux faits de guerre de son époque, du rôle que les places ont joué dans ces faits, de la facilité qu'éprouve un homme tout puissant, un grand administrateur, à exercer sa clairvoyance et prévoyance pour approvisionner les forteresses et les soutenir par des secours échelonnés dans les longues luttes qui leur sont imposées. Le génie, l'habitude du commandement font très-vite pénétrer dans les mesures à prendre sous ce rapport et aident à les perfectionner ; Richelieu dut s'en apercevoir promptement, surtout grâce à un ingénieur (1) de mérite, M. d'Argencour (2) qui l'initia aux secrets de son art, comme Vauban le fit pour Louvois, dans le dernier tiers du xviie siècle.

Il est un autre motif qui jeta encore Richelieu dans cette voie de s'occuper de fortification et d'art militaire : nous voulons parler de l'ignorance où chacun se trouvait alors, même les gens les moins autorisés assurément à ne rien savoir sur

(1) Les ingénieurs dont il est ici question sont des ingénieurs militaires (nous dirions aujourd'hui des officiers du genie) et non des *ingénieux*, suivant l'expression employée par le P. Garasse pour désigner ceux qui préparèrent à Paris les fêtes du mariage de Henriette de France avec le roi d'Angleterre. Voyez *Mémoires de Garasse*, publiés par M. Ch. Nisard, grand in-18, Paris, 1861, p. 70.

(2) Pierre Conti, seigneur d'Argencour et de La Motte. Cet ingénieur paraît avoir eu l'humeur assez indépendante, au moins en ce qui concerne sa vie privée, puisque, marié le 24 avril 1636, il reçut peu de jours après une lettre de Richelieu lui témoignant sa surprise qu'il se soit mis sous un joug « si embarrassant comme est quelquefois celui du mariage. »

ce sujet (1). Ouvrez Tallemant des Reaux, il vous dira nette-
ment, dans l'*Historiette du maréchal de Chastillon*, qu'en
1621, devant Saint-Jean d'Angély, personne ne se doutait de
la manière dont on faisait des tranchées ; il ajoutera, dans
l'*Historiette du baron de Chabane* ce propos du gouverneur
de La Fère relativement à une demi-lune : « Messieurs, ne
négligeons rien pour le service du Roi ; faisons une lune tout
entière (2). » Lisez la seconde partie des Mémoires de Fontenay-
Mareuil, il vous parlera, au sujet du siége de La Rochelle,
de l'ignorance des assiégeants, et au sujet de la tentative sur
Orbitelle (1646) de la *pénurie* de gens sachant attaquer les
places. Ainsi le cardinal prêchait d'exemple en s'adonnant
aux sciences militaires et il montrait aux gentilshommes que
le métier des armes, auquel ils se vouaient, valait, par ses
résultats, la peine et les soins qu'on lui consacrait.

Nous pouvons retracer de deux manières l'accroissement
successif de l'ingérence de Richelieu dans la direction et
l'administration des places fortes, par sa correspondance, par
sa participation aux siéges. Commençons par des extraits de
sa correspondance.

(1) Nous avons touché ce point dans notre mémoire relatif à *L'art
militaire des guerres de religion*, fin du § 12 sur l'attaque et la
défense des places. Sous Louis XIV beaucoup de généraux ignoraient
encore l'art des fortifications, comme l'assure le maréchal de Puységur en son *Art de la guerre*, édition in-4°, 1749, t. 2, p. 136.

(2) Molière a utilisé cette naïveté dans les *Précieuses ridicules*.

RICHELIEU INGÉNIEUR.

PREMIÈRE PARTIE.

Dès le 20 janvier 1627 Richelieu montre le cas qu'il faisait du sieur d'Argencour (1), gentilhomme expérimenté dans l'art de l'ingénieur militaire, lui écrivant : « Je me repose sur vous de la diligence du travail de ce que le roy veut qui soit fait au Havre, puisque vous m'asseurez en vouloir prendre soing. » Et il ajoute le 16 février suivant : « Je me remets à tout ce que vous voudrez faire au Havre, me reposant sur votre soin et votre diligence. » On comprend, à cette attention spéciale donnée à la ville du Havre par Richelieu qu'il en avait le gouvernement et devinait l'importance de ce poste ; l'ingénieur d'Argencour, officier très-actif, devint son bras droit dans sa partie et parut partout où il fut besoin pour assurer les défenses et organiser une résistance sérieuse, on le vit au ravitaillement de l'île de Ré (2), on le vit à La

(1) Ne confondez pas notre d'Argencour, ingénieur en chef des provinces d'Aunis, Poitou, Saintonge et Guyenne, avec le lieutenant général d'Argencourt qui avait défendu Montpellier en 1622 ; Michel Baudier (*Hist. de Toiras*, livre I, chap. III) semble tomber dans cette confusion ; d'autres ont prêté au second les prénoms du premier.

(2) Reportez vous à ce sujet aux lettres de Richelieu, en date des 24 août, 15 sept., 9 nov. 1627.

Rochelle, l'histoire suivie de ses relations avec le Cardinal formerait la meilleure démonstration pour notre thèse.

Au sujet de cette île, le 7 septembre 1627, Richelieu s'oppose avec raison au projet d'y jeter 6,000 hommes, si ce renfort ne peut emmener avec lui les vivres qui lui sont nécessaires, car sans cela, c'est augmenter la famine dans l'île et avancer sa reddition.

Puis au commencement de novembre 1628, dans la relation de la réduction de La Rochelle qui fut envoyée aux cours étrangères et qui émane de lui (car à qui pouvait-il mieux confier le narré de son propre triomphe), il déclare les fortifications de cette cité « plus belles et plus grandes que de place du royaume, puis ajoute : « Sa Majesté a résolu, pour le bien et repos de son Estat et pour le châtiment de ceste ville rebelle depuis tant d'années, de faire ruiner et abattre toutes ces superbes fortifications. »

Dès 1634, le 19 août, on le voit se préoccuper du réduit alors en construction à Nancy et prescrire à M. Le Fèvre (un ingénieur sans doute) de chercher partout des ouvriers et d'activer le travail, afin que l'ouvrage soit achevé pour la fin d'octobre.

Le 23 janvier 1635, il apprend que Brisach ne se trouve pas munie de blé pour six semaines, et en avertit le duc de Rohan, afin que ce chef d'armée empêche d'une part les habitants de Bâle de vendre des blés, et d'autre part les espagnols de chercher à en jeter dans la place.

Au mois d'avril de la même année, Richelieu discute pertinemment et avec autorité un projet de M. d'Argencour relatif à Saint-Quentin (1). Commmençant par louer la beauté

---

(1) *Lettres et papiers d'État* de Richelieu, publiés par M. Avenel. t. 4, p. 743, 744.

du dessein, il reproche la longueur du projet et invoque la nécessité de pourvoir au plus pressé. A cet effet il décide que l'on commencera par raser les maisons du faubourg Saint-Nicaise (1), et par fortifier ce côté le plus faible par un gros bastion placé en avant du fossé, mais destiné à être relié plus tard au corps de place et provisoirement revêtu de gazon ; il ordonne de boucher toutes les brèches et de réparer les parapets ; il prescrit de raser les mauvaises fortifications du faubourg d'Isles pour n'avoir pas à se préoccuper d'une aussi lourde garde et de se contenter en cet endroit d'améliorer la tenaille pour couvrir les moulins et la fontaine. A l'égard de ce dernier ordre, il le donne *après avoir bien visité le faubourg,* mais sans penser à ce que nous appelons aujourd'hui le *défilement,* car il dit : « Le terrain qui est au dehors de la teste de ce fauxbourg est naturellement *aussy eslevé* que les mauvaises fortifications qui sont à la dite teste ; » un simple exhaussement des parapets eut suffi pour compenser cette situation et les coups dominants de l'attaque qui s'ensuivaient ; il est vrai qu'il eut fallu du temps, puisque ces fortifications étaient déjà *mauvaises* et que, pour leur faire supporter un plus grand poids, il eut fallu commencer par les reprendre et les consolider à leur base.

Le 2 mai suivant Richelieu, arrivé à Péronne, visite aussitôt les fortifications très-importantes par rapport à la frontière, et sans délai il envoie à M. d'Argencour son opinion (2) qui peut se résumer ainsi : « La place est en mauvais état. — Les entrepreneurs promettant de rendre le

(1) Toutes ces maisons furent achetées 39,560 livres.
(2) *Lettres et papiers d'Etat* de Richelieu, t. 4, p. 748.

bastion royal, le faubourg de Bourgogne et le bastion de Richelieu dans un délai de 4 à 6 semaines, il faut doubler les ateliers partout. — Il faut mettre à nu la montagne de Sainte-Radegonde et en raser toutes les constructions , même l'église (1). Du bastion royal au bastion de Vendôme, la demi-lune et le faubourg bientôt en état, couvriront suffisamment, mais du côté de la citadelle il faut racommoder l'écluse, sa plus grande sûreté et faire une pièce à corne pour couvrir la digue. » Cette dernière pièce, dont le projet venait d'être établi par l'ingénieur *le Muet* (2), devait prendre figure en un mois, ainsi qu'un nouveau bastion proposé par d'Argencour entre la citadelle et l'écluse. Telles étaient les constatations et les injonctions précises de Richelieu au sieur d'Argencour qui semble exercer les fonctions d'un chef du corps des ingénieurs militaires et venait de tracer un plan complet des fortifications de Péronne. — Nous possédons de meilleurs documents pour prouver l'ingérence du Cardinal dans la création de nos frontières, qu'il entend former et construire moins pour le temps présent que pour l'avenir. C'est d'abord une missive adressée deux jours après la précédente au sieur de Noyers, alors chargé de l'amélioration des places de Picardie, de Champagne et de Lorraine (3), et pour le moment occupé à la réparation des fortifications de

(1) On fit marché à mille écus pour son transport.

(2) *Lettres et papiers d'Etat* de Richelieu, t. 4, p. 748.

(3) Intendant d'armée en 1632 (il avait alors 54 ans) et 1633, Sublet de Noyers devint ensuite ingénieur ou commissaire, chargé des places de Calais, Boulogne, Ardres, Montreuil, Abbeville, Le Havre, Amiens, Doulens, Corbie, Peronne, Ham, Saint-Quentin, Guise, Mézieres, Nancy, Metz et Verdun.

Péronne ; la pièce est trop curieuse pour ne pas la citer entière :

4 mai 1635.

« Monsieur, je vous escrivis hier sur le sujet de ce qui se faict icy. Ceste lettre n'est que pour vous dire qu'il est du tout nécessaire de faire ouvrir partout les atteliers, et faire travailler à ce qui est le plus important à la conservation des places, sans faire aucune ouverture qui donne plus de facilité à la surprise.

« Ceux de Corbie représentent qu'en tout un costé de leur ville il n'y a pas seulement des parapets derrière lesquels les soldats puissent tirer, ce à quoi j'estime qu'il est bien à propos de donner ordre promptement.

« La plus part des autres villes représentent aussi des défauts qui sont bien considérables. Un qui me semble insupportable est que les travaux qu'on fait une année ne valent rien l'autre, à ce qu'ils disent. Par exemple, pour ne pas sortir de Corbie, ceux de cette ville disent que les travaux qu'y a faicts M. de Saint-Chaumont sont du tout gâtés. Ils adjoustent que les parapets qu'a faict faire M. le Marquis d'Alluye (1) ne sont pas bons ; j'advoue que cela m'afflige extraordinairement *de voir que le roy soit si mal servi.* Ils disent encore qu'il arrive des défauts à la conduite des ouvrages parce que les ingénieurs qui ont charge de faire travailler n'ont pas les dessins de M. d'Argencour. Nous aurions besoin, pour remédier à ces désordres, de plusieurs MM. de Noyers et d'Argencour, ce qu'il est impossible de trouver ; mais je ne doubte point que votre vigilance ne supplée à tout.

« J'estime que vous donner advis du mal, c'est y remédier.

(1) En janvier 1680, une dame d'Alluye est accusée d'avoir empoisonné son beau-père avec l'aide de La Voisin.

A la vérité il est inutile de faire faire des travaux de terre si au mesme temps on ne fait marcher des entrepreneurs demeurans sur les lieux pour les entretenir. Il me semble de vous avoir ouy dire que vous en usiez ainsy, ce dont je vous prie, parce qu'autrement on ne travaillerait que pour le temps présent, au lieu que *le dessein de Sa Majesté est de procurer, s'il peut, du bien à la France dont elle ressente encore plus de fruits, s'il se peut, à l'advenir que de son temps.* »

Ainsi le corps des ingénieurs n'est pas constitué ; ses officiers laissent à désirer, *le roi est mal servi*, cri patriotique qu'on ne disait pas encore, qu'on ne répète plus guère de nos jours ; on voit que Vauban, aidé par la main ferme et sévère de Louvois, n'a pas commandé, dirigé, instruit ce corps spécial.

Nous pouvons citer d'autres pièces :

Vers le milieu de mai 1635, le cardinal recommande à M. du Pont de faire établir la garde de la porte d'Ingouville de façon que la garnison soit toujours maîtresse de cette porte, et il rappelle de placer des canons dans la citadelle.

Le 30 mai 1635, prescrivant de rechercher *dans les bibliothèques les plus curieuses de Paris*, des documents sur les guerres entre François Ier et Charles Quint, il indique les séiges de Luxembourg, Saint-Dizier, Château-Thierry, Boulogne ; et, dans une lettre dictée huit ou neuf jours après, cette idée le préoccupe encore, car il débute par rappeler que *divers capitaines des siècles passés et du nôtre* ont pris des places. A cette époque il prescrit à M. du Hallier de raser en Lorraine les petites places qui ne doivent pas être gardées, afin de diminuer le nombre de celles où il est nécessaire de mettre des garnisons (1).

Nous éviterons d'arguer d'un mot ; le 4 juillet 1635, le

____

(1) Lettre du 31 mai 1635.

cardinal fait écrire au Secrétaire d'Etat Servien « surtout j'estime important de fortifier M. de Chaunes ; » *fortifier* se trouve ici pour *renforcer*, mais une expression ne peut à elle seule dénoter un goût prononcé pour l'art qu'elle représente, c'est-à-dire pour la fortification (1).

Le 15 juillet de la même année Richelieu euvoie M. d'Argencour mettre Auxonne en état de défense contre les tentatives possibles du duc de Lorraine qui vient d'occuper Remiremont « le laissant maître de diriger l'artillerie sur Bellegarde ou Châlons, si Auxonne ne pouvait suffisamment la couvrir et la garder, lui donnant aussi toute latitude pour l'amélioration des postes environnants, enfin lui témoignant l'estime qu'il fait de sa personne, ne doutant point que toutes choses n'aillent bien là où il sera (2). »

Le 25 novembre suivant, il s'occupe d'augmenter les difficultés des passages de la Valteline et envoie l'ingénieur Petit pour les fortifier, durant que M. d'Argencour part pour le Languedoc et la Provence.

A la date du 2 octobre 1636, le cardinal s'inquiète de ce que l'on peut faire pour bloquer Corbie et écrit à ce sujet au maréchal de La Force de s'entendre avec M. d'Argencour.

Le 14 novembre de cette année il écrit au roi, pendant la nuit, pour lui annoncer la prise de Corbie et a soin d'ajouter en post-scriptum : « Je manday avant hier à Votre Majesté que M. le mareschal de La Force estimoit qu'il faut conserver

(1) C'est quatre jours après qu'il écrit au même ministre une lettre qui se termine ainsi : *Cito, cito, citissime.*

(2) Le lecteur remarque la confiance dont le cardinal donne sans cesse des témoignages à d'Argencour ; outre les mérites et les services de ce dernier, cela ne tiendrait-il pas à ce qu'en raison de son caractère signalé ci-dessus (note 2 de la page 8) il avait besoin d'être soutenu et encouragé.

le fort qu'a faict son fils; nous en avons depuis conféré ensemble ; tout le monde demeure d'accord qu'il faut conserver cette teste de rivière, mais on croit que la redoute de Campis estant reduicte en une bonne corne jointe aux deux contres carpes de deux demyes lunes de la ville par deux bonnes lignes, cela peut-estre suffira, et que le fort est trop esloigné et de trop grande garde. Je sçauray l'advis d'Argencour et Votre Majesté resoudra le tout. • Voilà certes d'utiles détails et une bonne controverse ; la lettre ne se ressent pas trop d'être dictée à trois heures du matin et écrite par un mauvais secrétaire. Quel témoignage d'ailleurs rendu à l'ingénieur d'Argencour et avec quel art l'autorité du monarque (c'était on le sait l'habitude du cardinal), se trouve ménagée.

Dans une dépêche datée du 3 novembre 1637, Richelieu transmet au même d'Argencour des avis concernant Leucate, et, suivant son opinion constante en fait d'opérations militaires s'en remet à lui, qui se trouve sur les lieux et voit la situation, de décider en dernier ressort de concert avec le gouverneur de la place.

Dans ses autres lettres à M. de Noyers (nous avons cité ci-dessus celle du 4 mai 1635), qui prit bientôt l'emploi de surintendant des fortifications puis de secrétaire d'Etat pour la guerre (1), le cardinal recommande : — le 5 juillet 1636 d'envoyer un ou deux ingénieurs et des outils dans Guise afin de travailler à cette place dont la conservation importe, dit-il,

____

(1) Il remplaça dans ce poste, le 12 février 1636, Servien qui lui aussi était surintendant des fortifications : ainsi Richelieu choisissait ses ministres de la guerre parmi les ingénieurs militaires ou du moins parmi leurs chefs. C'est ce même ministre de Noyers que le maréchal de Brezé faisait enrager en mettant des *abominations* (le mot est de lui) dans les lettres qu'il lui écrivait.

au *salut de la Picardie* ; — le 20 août suivant, d'expédier sans délai une décharge du sol pour livre en faveur des villes de la frontière de Picardie sans doute pour les contenter et les disposer à mieux résister.

D'après sa correspondance, Richelieu a encore à faire à l'ingénieur *Le Rasle*, chargé par sa lettre du 18 novembre 1636 de visiter Estrée au Pont, Guise, Compiègne, Noyon, Chauny, Coucy, Soissons, Laon et La Fère *pour les mettre en état de rien craindre :* cet ingénieur était capitaine au régiment de Champagne ; il assista en 1639 au siége de Hesdin, au sujet duquel de Ville le cite avec éloge (1), et fournit peu après au cardinal une carte faite de sa main avec grand soin, et représentant tout le pays reconquis du Gouvernement d'Ardres et des lieux adjacents (2).

En mars 1638, le cardinal envoie le sieur Chauwin, ingénieur, dans les places de son gouvernement pour leur conservation, soit comme entretien, soit comme défense, et au besoin pour être jeté dans l'île de Ré si quelque incident menaçait ce point (3).

(1) Le Rasle a publié un plan d'Hesdln (1639. — Ceux reproduits par M. Vincent, en 1857, dans son travail sur la fondation d'Hesdin-fert, d'après les originaux possédés par Mademoiselle Michelin, sont du xviiie siècle) ; il se distingua plus tard aux siéges de Gravelines (1644) et de La Mothe en Lorraine (1645).

(2) Lettre du 27 juillet 1639, adressée, de Mézières à M. de la Meilleraie.

(3) La lettre du 17 juillet 1638 mentionne MM. de Fortescuyère et Petit, qui, sans doute, étaient également ingénieurs. Le 23 août suivant, Richelieu annonce à M. le Prince l'envoi d'un ingénieur pour améliorer les fortifications de Fontarabie, au cas que cette place fût prise. Les sieurs de Malissy et de La Cour travaillaient en 1639 aux fortifications de Pignerol *à quelque prix que ce fût* (lettre du 5 avril).

Quand **M.** de Chavigni se trouve en Italie, il lui laisse le soin de désigner la place qu'il convient de fortifier, soit Fossan, soit Savillan, mais point Vulpian (1).

Je m'étonne de n'avoir rencontré qu'une fois, dans les *Lettres et papiers d'Etat* du cardinal de Richelieu, mention relative au chevalier Antoine de Ville (2), ingénieur célèbre de cette époque, moins élevé sans doute comme position officielle que M. d'Argencour, mais, ce qui a aussi sa valeur, auteur d'ouvrages classiques sur la fortification et l'attaque des places, inventeur d'une méthode de fortifier qui a conservé son nom, l'un des prédécesseurs de Vauban dans l'histoire de la fortification, et de plus, acteur important dans plusieurs actions de guerre de ce temps et principalement aux siéges de Corbie (1636) et d'Hesdin (1639) dont il a laissé des journaux (3). Il est difficile que cet ingénieur et écrivain n'ait pas entretenu des relations avec Richelieu, puisqu'il fut admis dans ses conseils durant les deux siéges précités, et puisqu'il lui dédie son traité *De la charge des gouverneurs de place* dont la première édition date de 1639 et assure dans son épitre dédicatoire qu'il remplit un emploi sous ses ordres ; ces relations auraient directement trait à ce mémoire, car de Ville peut passer à bon droit pour un professeur de fortification, car son système en vue de fortifier les villes de guerre, semble avoir été adopté pour représenter

(1) Lettre à Chavigny. 5 mai 1639.

(2) Ne confondez pas le *chevalier de Ville* avec Henri de Livron, *marquis de Ville*, maréchal de camp au service du duc de Lorraine, lequel commandait dans Lunéville en 1638, lorsque les Français assiégèrent cette cité et l'emportèrent d'assaut.

(3) *Obsidio Corbeiensis*, petit in-f°, 1637 ; — *Relation du siége de Landrecies*, petit in-f°, 1638 ; — *Relation du siége de Hesdin*, petit in-f°, 1639.

l'École française (1) au moins par rapport à la méthode hollandaise alors imaginée par l'ingénieur Marolois dont le nom se trouve également entouré de considération parmi les personnes qui s'intéressent aux progrès successivement réalisés dans la construction des places fortes. Voici ce que nous avons pu apprendre sur les rapports biographiques entre Richelieu et de Ville ; ces détails montreront que cet ingénieur ne mérite ni le dédain avec lequel il paraît avoir été parfois traité, ni l'oubli dont il a été certainement l'objet.

En 1636, au siége de Corbie, rien ne s'exécute sans l'ordre du cardinal dont on prenait constamment l'avis et qui était, prétend de Ville dans sa Relation latine, *auctor et director verus totius obsidionis :* son rôle, au chevalier de Ville, consistait à construire des forts et des lignes.

Au siége du Castelet (1638), cet ingénieur émet l'opinion de charger la mine creusée sous la muraille d'une façon particulière, et assure le cardinal de Richelieu qu'en agissant ainsi on réussira : Son Eminence lui donne raison et il justifie ce jugement, car la plus grande partie de la face de l'ouvrage est emportée et les Français prennent la place (2). A ce sujet, rappelons que de Ville s'entendait aux mines et qu'il affirmait que les pétards (ceux dont on se sert pour enfoncer les portes de forteresses) ne peuvent tou-

(1) On comprenait déjà le rôle de la terre qui octroie aux remparts un plus long degré de résistance, car, en 1639, Henri dé Campion tient Salces « la meilleure de l'Europe, pour une place *sans nulle fortification de terre.* » Reportez vous à ses *Mémoires,* édition de la Bibliothèque elzévirienne, 1857, p. 98.

(2) *De la charge des gouverneurs de place* par Messire Antoine de Ville, chevalier, dernière édition, in-12, 1666, p. 378. Le titre en haut des pages porte plus justement *de la charge* d'un *gouverneur.* Ce livre, inférieur à mon sens à la *Fortification* du même auteur, précède néanmoins dignement les *Traités* de Vauban sur

jourß éventer les mines (1), c'est-à-dire qu'appliqués contre
la superficie de la terre, ils ne peuvent l'enfoncer sur une
grande épaisseur.

Au siége d'Hesdin (1639) à la date du 4 juillet, Louis XIII
lui commande de tracer en sa présence des forts et des
lignes, aux lieux où il en manquait ; il lui ordonne également de faire renforcer ceux déjà construits, et de continuer
ses soins « en cela et au reste » comme il l'avait com-
mencé (2). Un des forts en question porte son nom (3). Peu
après le roi tombe malade et ne peut quitter Abbeville. « Il
souffroit moins de son mal que de ne pouvoir agir, avance
de Ville qui se montre dans sa relation plus flatteur que
nous ne le serions aujourd'hui ; Monseigneur le Cardinal
Duc de Richelieu, continue-t-il, le plus fidelle ministre que
jamais Roy ait eu, et le plus digne de participer aux plus
secrettes pensées et aux plus hautes entreprises de son
Prince, le soulageoit en cette occasion, comme il fait en
toutes les autres. » Après ce préambule, le chevalier de
Ville nous montre Richelieu trouvant à propos de faire
« tout au long du bois, *dans l'abattis* (4), quelque deffence, »
alors que du côté du bois il y eut et l'abattis, et la garde et
la difficulté de passer la rivière à la nage, mais il voulait
absolument empécher l'ennemi de traverser de nuit. Il nous

l'attaque et la défense des places : il en existe une édition elzévirienne (1640, petit in-12) et une édition d'Abraham Wolfgang (1674,
aussi petit in-12).

(1) *La fortification du sieur Antoine de Ville*, in-8º, Amsterdam,
1672, p. 214. Ouvrage substantiel et lucide ; la première édition
(in-fº) date de 1628.

(2) Voyez sa relation, 1639, p. 12.

(3) La 2ᵉ planche de la dite relation représente le fort *de Ville*·

(4) Reportez-vous à la lettre adressée par Richelieu à M. de la
Meilleraie, le 19 juin 1639.

rapporte aussi que le cardinal établit une ambulance dans une église de village voisine des tranchées, et y entretint plusieurs chirurgiens et médecins. Après le roi et le cardinal, notre ingénieur se trouve en communauté d'affaires avec le chef direct des opérations du siége, Monsieur le grand maître de l'artillerie, celui qui va devenir, grâce au succès du siége, *le maréchal* de la Meilleraye, lequel « lui commande de le suivre pour aller visiter le pays autour du camp et pour reconnaître les avenues par lesquelles l'ennemy pourroit venir secourir la place. »

Indépendamment de sa correspondance, Richelieu s'occupe des frontières et de places à y élever dans une section spéciale d'un chapitre de son *Testament politique* (1). Là sa pensée sort si nette et si forte que l'on prévoit combien il a dû méditer sur ce sujet pour avoir une opinion tellement arrêtée; cette opinion mérite d'être indiquée. Après avoir rappelé que les places garantissent les troupes durant la guerre de *grandes incommodités* dont notre caractère national s'accommode mal, il ajoute : « Les subtils mouvements de notre nation ont besoin d'être garantis de la terreur, qu'elle pourroit recevoir d'une attaque imprévue, si elle ne sçavoit que l'entrée du royaume a des remparts si forts, qu'il n'y a point d'impétuosité étrangère assez puissante pour les emporter d'emblée, et qu'il est impossible de s'en rendre maîtres qu'avec beaucoup de temps. — La nouvelle méthode de quelques-uns des ennemis de cet Etat est plutôt de faire périr par famine les places qu'ils assiègent que de les emporter de vive force... Cette considération m'oblige à repré-

<hr>

(1) Deuxième partie, chap. IX, section III. — Foncemagne a prouvó l'authenticité de cet ouvrage dont La Bruyère a dit dans son *Remerciement* à l'Académie, que c'était *la peinture de l'esprit de Richelieu et le secret de sa conduite.*

senter que ce n'est pas assez de fortifier les places et les munir seulement pour le temps qu'elles puissent résister à une attaque de vive force ; mais qu'il faut qu'elles soient au moins fournies de toutes choses nécessaires *pour plus d'un an* (1) qui est un temps suffisant pour donner lieu de les secourir commodément. » Le sens pratique du cardinal lui fait préférer pour une forteresse les munitions de guerre aux munitions de bouche ; je demande à l'Académie la permission de citer encore ce passage : « Je ne spécifie point positivement dit Richelieu, le nombre des canons, de la poudre, des boulets et de toutes autres munitions de guerre qui doivent être en chacune place, parce qu'il doit être différent suivant leur diverse grandeur. Mais bien dirai-je, que les munitions de bouche ne sont pas plus nécessaires que celles de guerre, et qu'en vain une place assiégée seroit bien fournie de vivres, si elle manquoit de ce qui lui est absolument nécessaire, et pour se deffendre et pour offenser ses ennemis, vû principalement que l'expérience nous faisant connaître que ceux qui vivent le plus, tuent d'ordinaire davantage (2), lorqu'une place est assiégée, on doit quasi plus épargner le pain que la poudre. » Une observation ressort des lignes précitées. Comme Richelieu s'empare de son sujet, le fait sien, y domine ; il ne cite aucun homme spécial, il affirme *ex professo*, on dirait qu'il a été guerrier et iugénieur toute sa vie, c'est bien son trait caractéristique, c'est en général le trait de la supériorité, il comprend tout et là où il passe, là où il se mêle d'une affaire, son avis doit prédominer même contre le roi, et il accomplit de grandes choses, quitte à ne pas se faire aimer.

(1) La commission mixte de l'an VII a fixé l'état des approvisionnements de bouche pour une durée de siége de *neuf mois*.

(2) Surtout s'ils tirent avec adresse.

DEUXIÈME PARTIE.

Passons aux témoignages résultant de la coopération réelle du grand homme dont nous nous occupons aux actes de guerre dans lesquels il a pu révéler son aptitude comme ingénieur militaire.

En parcourant les relations des siéges où le cardinal de Richelieu s'est trouvé acteur, voici ce que nous rencontrons de digne d'être noté.

Relativement à l'île de Ré il fut chargé de veiller à sa défense par Louis XIII qni voulut le 15 juillet 1627 se porter lui-même au secours des côtes de Poitou et de Saintonge menacées par les Anglais, mais qui fut saisi par la fièvre au moment de son départ. La circonstance devint pressante car nos ennemis, conduits par Buckingham désireux de se venger de n'avoir pu voir Anne d'Autriche pendant son dernier voyage à Paris (1), descendirent dans l'île de Ré à la date du 22 juillet. Richelieu se procura de l'argent en mettant ses pierreries en gage, envoya trente mille livres au Havre pour armer cinq bâtiments, dits dragons, espèce de brûlots, expédia des courriers sur la côte française, à Olonne, à Brouage, par exemple, pour que l'on fît pénétrer « à quelque prix que ce fust et quoy qu'il coutast (2) » des vivres

(1) On peut en croire Henri de Rohan, disant en termes exprès : « Il se porte à ce que le dépit lui persuade, et ne pouvant voir le sujet de sa passion il lui veut faire voir sa puissance en préparant toutes choses à la guerre. » *Mémoires de Rohan*, Amsterdam, 1756, in-12, t. 1, 2ᵉ partie, p. 35.

(2) Relation du siége de Ré par le garde des sceaux de Marillac.

et de l'eau douce (1) dans la citadelle de Martin-de-Ré, demanda au roi d'Espagne les secours maritimes qu'il avait promis, prépara lui-même une flotte dont devaient faire partie six navires équipés à Saint-Malo, envoya dans la Bretagne pour y acheter de divers particuliers onze canons de fonte (2), et à Bayonne pour s'y procurer bon nombre de pinasses, bâtiments fort légers navigant à la voile et à la rame, dépêcha sur Olonne trois capitaines de mer renommés, expédia à l'île de Ré Pompée Targon, ingénieur maritime (3), entendu aux machines et aux artifices, et aussi le sieur d'Argencour, dont nous avons souvent parlé dans la première partie de ce mémoire, enfin prescrivit aux capitaines de Port-Louis et de Blavet en Bretagne de s'assembler et d'adopter un moyen pour empêcher l'adversaire débarqué de communiquer avec l'Angleterre. Au résumé, peu de jours lui suffirent pour assurer le plus pressé et faire parvenir à Toiras, réfugié dans la citadelle de Saint-Martin-de-Ré, avec 600 hommes et s'y défendant bien, des secours (4) avant qu'il ne les eût demandés, et en un mois il expédia

(1) « Le manquement d'eau douce y estoit plus insupportable que les Anglois. » *Histoire de Toiras*, par Michel Baudier, livre Ier, chap. xiii. Voyez les chap. xvi et xxi pour les soins donnés par Richelieu au ravitaillement de l'île.

(2) Ces canons furent payés huit mille livres.

(3) Il était d'origine italienne et si nous en croyons Allent (*Histoire du corps du génie*, p. 36) avait été attiré en France par Richelieu sur la réputation acquise par ses travaux au siége d'Ostende.

(4) Comme on partait gaiement pour les porter, Richelieu inscrivit cette réflexion dans ses *Mémoires* : « Il faut avouer n'être permis qu'à la nation françoise d'aller si librement à la mort pour le service de leur Roi, ou pour leur honneur, que l'on ne sauroit

pour cette affaire plus de deux cents courriers, ce qui paraît cousidérable pour l'époque.

Ce ne fut pas tout; afin de défendre contre l'étranger ce boulevard des Rochelois récemment conquis par Toiras, dans les premiers temps de son entrée au pouvoir, ce qui lui tenait au cœur afin de prouver qu'il savait garder ses conquêtes, il opina dans le conseil du roi pour faire passer des troupes dans l'île de Ré et en chasser les Anglais par une bataille tout en continuant à tenir la ville de La Rochelle bloquée; il paraissait à plusieurs presque impossible de mener ces deux entreprises de front, mais son avis prévalut. Ayant aidé à sa mise à exécution par des avances faites à l'État sur sa fortune privée, et par l'envoi de deux émissaires, l'évêque de Mende et l'abbé de Marsillac, car sous sa direction le costume ecclésiastique n'empêchait pas de se mêler aux affaires de guerre, un convoi de ravitaillement passa heureusement le 8 octobre. Ce ne fut pas encore tout; de sa personne, Richelieu traversa de Brouage dans le port d'Oleron, au risque d'être enlevé en mer par l'ennemi, et activa tellement les préparatifs sur ces deux points qne deux jours après son arrivée, le maréchal de Schomberg trouva réunis les bâtiments nécessaires à son transport dans l'île de Ré. On sait le reste, Buckingham fut battu et les Anglais quittèrent cette ile où ils songeaint déjà à envoyer une colonie.

La part prise par le cardinal de Richelieu au siége de La Rochelle (1627-1628) est plus grande, plus personnelle, et cela semblerait confirmer qu'étant évêque de Luçon il méditait déjà la réduction de ladite cité (1). Après avoir, par

remarquer aucune différence entre celui qui la donne et celui qui la reçoit. »

(1) *Mémoires de Richelieu*, t. 4.

des négociations diplomatiques, empêché les assiégés d'es-
pérer que quelque Etat voisin vînt à leur secours, il recourut
au blocus le plus vigoureux afin d'opposer au ravitaillement
des Rochelois, un obstacle matériel insurmontable, et traça
lui-même le plan de ce blocus. C'est alors que deux pari-
siens, l'un architecte, l'autre maître maçon, vinrent lui pro-
poser le moyen de remplacer les essais inutilement tentés (1)
par Pompée Targon en construisant au travers du chenal du
grand port une digue de pierres sèches peu épaisse au som-
met mais très-large à la base ; comme ils répondaient que
la mer ne la romprait pas, Richelieu accueillit leur proposition, la soumit à un conseil de guerre, la fit approuver
sur l'heure par le roi ; c'est à cette décision rapide que fut
dû le succès du siége, et la seule restriction à introduire ici
consiste à remarquer combien le cardinal était disposé à
employer tout ce qui pourrait favoriser son entreprise, et à
saisir au vol ce que la fortune lui apporterait pour le tirer
d'embarras. La digue commencée le 1er décembre fut construite en sept mois, non plus seulement avec des pierres
sèches, ramassées sur les rives du canal, mais au moyen
de grands navires maçonnés et pleins de pierres à l'intérieur
que l'on faisait échouer et qui remplissaient chacun l'office
d'une grande masse de hottées de matériaux. Dès qu'un
navire semblable (il s'agissait de *flûtes* de Hollande) était
coulé, la digue se trouvait allongée d'autant, parce que déjà

(1) « La vanité des promesses de Pompée Targon pour former
le port se voyait clairement, » dit Fontenay-Mareuil. « Pompée
Targon proposait de barrer le canal avec des inventions particu-
lières, dont il donnoit si peu de connoissance qu'il étoit impossible
d'y avoir grande foi, » ajoute le Cardinal dans ses *Mémoires* (collection Petitot, t. 23, p. 470).

il était impossible de passer par-dessus ; néanmoins « afin de haster encore davantage le travail, nous apprend un témoin oculaire (1), on retrancha quasy la moitié de la largeur, tant sur le haut qu'on fond de l'eau, l'expérience ayant monstré qu'elle résisteroit aussy bien à la mer et à tous les mauvais temps qu'elle faisoit auparavant *pourveu qu'il y eust du talus.* » De nos jours un moyen semblable a été utilisé pour barrer l'entrée du port à Sébastopol pendant la guerre de Crimée, et je ne sais pas si Alexandre, quand il boucha le canal de Tyr (2), si César lorsqu'il ferma celui de Durazzo (3), n'ont pas recouru au même procédé, en sorte que Richelieu qui connaissait l'histoire serait un imitateur (4); cette remarque peut conduire par induction à supposer que le cardinal conçut le premier l'idée de la digue, comme l'affirme son biographe Aubery (5), mais contrairement au dire du marquis de Fontenay-Mareuil dont l'exactitude et la sûreté du jugement ne sauraient être contestées.

(1) Fontenay-Mareuil, collection de Petitot, t. 51, p. 74.

(2) La digue d'Alexandre avait pour but de réunir au continent l'île dans laquelle s'élevait Tyr (la deuxième ville de ce nom); cette digue, construite en 332, juste il y a 22 siècles en 1868, existe encore et forme aujourd'hui une isthme solide. Elle contint réellement des navires, car Arrien nous dit au chap. vii de son livre ii*: « il coula à fond trois trirèmes avancées vers l'extrémité. »

(3) Ici le fait est moins certain ; peut-être César coula-t-il des navires à l'extrémité où ses retranchements aboutissaient à la mer et dans le but de mieux fermer l'anse de Petra.

(4) Il voulut s'imiter lui-même en enfonçant des vaisseaux maçonnés dans l'embouchure du *Passage*, afin de ruiner ce port voisin de Fontarabie. *Instruction pour M. de Nantes*, 22 août 1638.

(5) *Histoire du cardinal duc de Richelieu*, par le sieur Aubery, advocat au Parlement et aux Conseils du Roy, Paris, chez Bertier, in-fo, 1660, p. 67.

La participation, nous devrions plutôt dire l'influence de Richelieu au siége de La Rochelle ne peut se nier, puisque Louis XIII, ennuyé de quatre mois de séjour devant cette ville, revint à Paris avant l'achèvement de la digue, et que le cardinal demeura chargé (1) des opérations avec la qualité de lieutenant-général des armées de Poitou, Saintonge, Anjou et Aunis, et un plein pouvoir sur toutes les troupes. Aussitôt il établit une discipline régulière (2), une administration vigilante, et, les choses ainsi réglées. put mieux s'occuper du siége proprement dit et de l'intérêt qu'il prenait à le diriger comme ingénieur. Après une sommation qui demeura inutile, il tenta une escalade par une nuit fort obscure (du 10 au 11 mars), s'approcha avec huit mille hommes, et dix chariots remplis d'échelles et de cordages, de la fausse porte des Salines pour la pétarder ainsi que deux autres ouvertures, s'élancer contre plusieurs bastions afin de détourner l'attention et de pénétrer par l'un d'eux dans la ville. Cette tentative échoua. Une entreprise contre le fort de Tasdon ne réussit pas davantage, et la pensée du P. Joseph de s'introduire dans La Rochelle par un vaste égoût fut reconnue impraticable. Néanmoins les Rochelois se trouvaient de plus en plus serrés et affamés, car la fameuse digue rendait le blocus maritime de la ville des plus rigoureux, tandis que du côté de la terre les communications se trouvaient interceptées avec la plus grande sévérité et par une circonvallation et par des postes; en outre, les rebelles s'étaient privés d'une partie de leurs approvisionements pour nourrir les Anglais leurs alliés pendant le séjour de ces derniers à

(1) Commission du 9 février 1628.

(2) Les soldats étaient habitués à incendier les villages. Voyez *Mémoires de Campion*, édition précitée, p. 74.

l'île de Ré, faute peu remarquée mais capitale, de leur part
et de la part de Buckingham, car s'il est imprudent de
mal approvisionner une place de guerre, on ne doit jamais
la dégarnir pendant qu'elle subit un siége. Un secours anglais se présenta de nouveau en mai, puis se retira inopinément à la vue de la digue entièrement terminée et précédée,
du côté de son ouverture, par une *palissade flottante* de
trente-sept vaisseaux attachés par les mâts et munis de canons et de soldats, retraite qui découragea plus encore les
malheureux assiégés. Richelieu leur écrivit au commencement de juillet pour les engager à la soumission ; ils ne
répondirent pas. Cependant après l'assassinat du duc de
Buckingham (2 sept.), qui leur avait toujours été favorable,
ils se montrèrent plus traitables et firent bien, car le cardinal réussit à détacher les Anglais de leur parti. Dans les
négociations qui suivirent, ce dernier se dévoila ingénieur
autant que politique, en exigeant la démolion des fortifications de La Rochelle du côté de la terre ; cela suffisait pour
empêcher cette cité de servir de refuge aux mécontents de
tous les partis, et les fortifications maritimes pouvaient
servir à protéger contre toute tentative des Anglais nos côtes
trop bien connues d'eux à la suite des tristes événements de
cette guerre civile.

La coopération de Richelieu à la soumission de Privas, se
borne à avoir détaché du parti protestant le gouverneur et
un certain nombre de ses officiers, ce qui accéléra la reddition.

Au sujet de Montauban, je n'ai pas à examiner s'il s'y
montra autant *Moïse* (par ses aumônes), que *Josué* (par
ses opérations militaires), comparaisons qui peuvent être
laissées à Aubery, mais je dois relater qu'il exigea la démo-
lition des fortifications de cette place, comme celle de toutes

les places au moyen desquelles les Protestants abritaient leur résistance contre l'autorité royale : cette condition n'empêcha pas, à ce qu'il paraît, qu'on ne criât, lors de son entrée dans la ville : *Vive le Roi et le grand Cardinal !*

Pignerol fut investi le 20 mars ; le 21, le cardinal, escorté des maréchaux de La Force et de Schomberg, vint sous les remparts de cette cité et activa tellement les travaux que vingt-quatre heures après trois canons se trouvaient sur le bord du fossé en état de faire brèche ; aussitôt les habitants demandèrent à capituler et obtinrent la conservation de leurs franchises et priviléges. Comme le gouverneur se retirait dans la citadelle avec 800 hommes, Richelieu fit aussitôt tracer et ouvrir les tranchées contre cette nouvelle forteresse et amena la situation au point que la veille de Pâques la garnison se rendit, laissant ainsi définitivement entre nos mains la possession souvent disputée d'un point qui fournissait aux armées et aux approvisionnements venant de France l'entrée la plus commode en Italie.

Peu après, appréhendant des dispositions de l'ennemi et des mauvaises intentions de la populace, le cardinal jeta dans la citadelle d'Amiens un renfort de 600 soldats et les vivres nécessaires.

De la participation de Richelieu à la prise de Corbie, il existe une preuve qui me semble plus concluante que son avis formel de changer le blocus en attaque de vive force (1), une fois la circonvallation et les forts terminés. Il s'agit du passage de la lettre royale par laquelle la reddition de cette ville fut annoncée aux gouverneurs de provinces, passage dans lequel il est dit expressément que Louis XIII doit une

______

(1) Il n'était point l'auteur de cette proposition, mais s'y rallia, comme il l'explique dans sa lettre du 7 novembre.

grande partie de cet heureux succès aux conseils et aux soins du cardinal : assurément, pour qui sait comment se préparent les matériaux destinés à l'histoire, c'est le cardinal lui-même qui a dicté, ou tout au moins inspiré cette missive; car si le roi retouchait les articles militaires composés par Richelieu avant de les envoyer à la *Gazette* de Renaudot (1), il ne se mêlait pas que je sache de la correspondance officielle relative à l'intérieur du royaume ; or la teneur de cette lettre royale, surtout la mention spéciale relative à Richelieu, dévoilent suffisamment le fait probable de son intervention à ce sujet. Richelieu pensait donc ici à se mettre en scène, à revendiquer une partie de l'honneur conquis par la prise de Corbie, préoccupation qui marque son goût pour les opérations militaires, pour les siéges, pour l'art de l'ingénieur, et son vif désir de paraître y briller ; ce grand ambitieux rêvait à la gloire militaire comme à la gloire littéraire. La lettre suivante, adressée à M. de Chavigny, le 12 novembre 1636 (2), en fournit la preuve : « Vous jugerés bien, dit-il à ce dernier, pourquoy je juge la Gazette que je vous envoie nécessaire ; en vérité, il n'est pas raisonnable que M. le comte (le comte de Soissons, chef de notre armée de siége), qui publioit partout icy dans l'armée que l'entreprise de force estoit ridicule, qu'on seroit contrainct de la laisser, et qu'elle obligeroit à quitter le blocus, et qu'il s'estonnoit comme M. le cardinal s'y portoit, veu que la chose estoit si apparemment mauvaise ; il n'est pas, disje, raisonnable qu'il

(1) La lettre de Richelieu à Chavigny, celle citée dix lignes plus bas, en date du 12 nov. 1636, est formelle.

(2) C'est la 2ᵉ à cette date dans les *Lettres et papiers d'État* publiés par M. Avenel.

tasche de faire croire aux badaults de Paris quil a faict des merveilles en cette occasion ; mais il est nécessaire qu'on sache que c'est la personne du roy seule, et *que l'advis de ceux dont il y est parlé y a servi.* — Sa Majesté escrit au cardinal sur ce sujet cent fois plus obligeamment qu'il ne mérite (1) ; il est besoin que la chose paroisse au public comme elle est mise dans le mémoire. » Si donc Richelieu revendique sa part de gloire dans un succès, il ne tolère pas l'exagération à ce sujet même de la part du roi : c'est d'une bonne politique et inspirée par l'amour du bien public.

Il savait gourmander au besoin et le fit vis-à-vis du maréchal de Châtillon, lorsque celui-ci, malgré ses reconnaissances autour de Saint-Omer, ne découvrit pas un canal par où l'ennemi jeta facilement, et à sa barbe, un secours d'hommes dans la place.

Si nous en croyons un contemporain, un ministre, de Noyers lui-même, la seule présence du cardinal-duc (on appelait ainsi Richelieu) animait les troupes et influait sur la reddition des places. Ce témoin dit en effet, dans une lettre adressée à Chavigny le 15 septembre 1638 : « La présence du cardinal a en vérité faict prendre le Castelet d'assaut (2), car il veille tellement sur toutes choses et pique tellement un chacun de se qu'il doibt au service du Roy, qu'il n'y a pas un

(1) On ne possède malheureusement pas la correspondance de Louis XIII ; nous n'avons pu trouver cette lettre.

(2) Quand il s'était agi précédemment de défendre le Castelet assiégé, on avait failli manquer de poudre. « Cela venait, dit Fontenay-Mareuil (collection Petitot, t. 51, p. 250), de ce que M. de la Meilleraye avait fait donner à un partisan nommé Sabatier le privilége d'en pouvoir vendre tout seul, comme il est assez ordinaire en

homme d'honneur dans les armées qui ne se jettast dans un feu pour témoigner au Roy son zèle et sa fidélité (1). » Même en défalquant de ce passage l'enflure que la disposition à la flatterie a pu produire, il reste un jour favorable à l'impression occasionnée sur les masses par la supériorité et le zèle du grand homme dont nous cherchons à saisir et à esquisser une des faces.

En 1639, pendant le siége d'Hesdin, Richelieu stationne dans Abbeville, comme nous l'avons dit ci-dessus en parlant du chevalier de Ville ; de là il envoie ses recommandations et, fait remarquable, prévoie que le pont des fascines construit ne sera pas solide et discute son opinion : « Je sais bien, écrit-t-il à M. de la Meilleraye le 21 juin, que ce pont est capable de porter 7, 8, 10,12 hommes à la fois ; mais si la nécessité oblige d'y faire passer un grand nombre de gens à la fois, j'ay peur qu'il ne fust ni assez fort, ni assez large, et s'il arrivait que les ennemis fissent une forte résistance qui donnast quelque épouvante à nos soldats, je craindrois qu'il ne s'en noyast en un retour précipité... A cela il y a deux remèdes, le premier de joindre au pont que vous avés desja faict d'autres ponts, soit de mats, soit de bateaux, soit de fascines. Le second remède est de combler tout à faict le fossé avec des fascines chargées de pierre, de petits gabions qui en soient pleins et autres inventions que vous pourré trouver. » On le voit, Richelieu aimait à examiner en fait

France d'oster la liberté au public pour donner de l'avantage à quelque particulier qui a du crédit, dont tout le monde souffre beaucoup ; et peu s'en fallust ceste fois-là que le Roy luy-mesme n'en souffrît, car Sabatier, ayant mal pris ses mesures, n'en put fournir suffisamment. »

(1) Fragment cité par M. Avenel, *lettres de Richelieu*, t. 6, p. 177.

d'affaires militaires, et il entrait résolûment dans le vif de la question.

Comme dornière opération (1) citons le siége d'Arras (2), pour la prèparation et le succès duquel il se donna beaucoup de peine : à la suite des préparatifs, l'un des maréchaux lui écrivit relativement au projet des opérations à diriger contre la ville : « Nous nous conformons entièrement à votre sentiment et avis ; nous ne scaurions faillir en les suivant ponctuellement. » Et lui répond à ce compliment, dès que la circonvallation est terminée : « Les Françoys, qu'on n'avoit pas jusques icy tenus autrement propres à sy bien remuer la terre, ont au moins esgalé les Hollandois en cette occasion, qui n'en firent jamais une telle estendue en si peu de temps (3). Ainsi voilà Richelieu qui se réjouit comme Montluc de voir les soldats de France s'astreindre au travail pénible de la terre ; c'est que rien n'est aussi nécessaire dans un siége, c'est que rien n'avance autant les opérations tout

(1) Nous n'avons pas cité la tentative dirigée par Richelieu sur la ville d'Orange, appartenant au prince de Nassau, pour s'emparer de cette cité au moyen de la trahison du gouverneur acheté à prix d'argent. Ce n'est pas là une opération de guerre. Le lecteur curieux trouvera une indication sur ce fait dans un autre *Aubery*, c'est-à-dire aux pages 318 et suiv. des *Mémoires pour servir à l'histoire de Hollande*, par Messire Louis Aubery, chevalier, seigneur du Maurier, in-12, Paris, 1680.

(2) Cyrano de Bergerac reçut pendant ce siége un coup d'épée dans la gorge, mais on ne rencontre rien qui s'y rapporte dans les *lettres* de cet écrivain. Né en 1620, il n'avait d'ailleurs alors que vingt ans et ne saurait se présenter à ce sujet avec une autre autorité que celle d'un témoin oculaire.

(3) Lettre au maréchal de Chatillon, 1ᵉʳ juillet 1640.

en ménageant le sang des assaillants (1) ; ce sera trente ans plus tard l'opinion formelle et admirablement exprimée de Vauban.

Est-il vrai que Richelieu ait écrit, pendant ce siége d'Arras, aux maréchaux de la Meilleraye, de Chaulnes et de Chatillon en désaccord et le consultant pour savoir s'il fallait sortir des lignes, puis combattre l'adversaire, ce fameux billet rapporté au camp par Fabert et qui résume en ces deux phrases du début et de la fin : « *Je ne suis pas homme de guerre* ni capable de donner mon avis sur ce sujet... mais vous répondrez de vos têtes si vous ne prenez point la ville d'Arras ? » Le fait n'est pas prouvé, sans cela nous dirions : notez que, tout en se déclarant inapte à opiner, le cardinal ouvre un avis excellent et l'exprime en ces termes : « J'ay beaucoup lu, mais je n'ai pas trouvé que l'on soit sorti des lignes pour combattre les ennemis. après avoir demeuré dix-huit jours entiers à les faire. »

(1) Biographie et maximes de Montluc, p. 15.

OBSERVATIONS GÉNÉRALES.

Richelieu avoue les insuccès de ses armes, et là encore on retrouve sa prédilection pour les fortifications et les siéges ; ainsi le 19 juillet 1641 il adresse à M. le Prince une lettre qui se termine par cet alinéa : « M. de Châtillon a perdu une bataille (celle de la Marfée), M. le comte (de Soissons) est mort, nous en avons gagné une autre en Alemagne beaucoup plus importante. *Le siége d'Aire va bien.* Quand il sera finy (il ne doute pas de sa fin), nous deslogerons, avec l'aide de Dieu, les mauvois François et les Espagnols du bord de la Meuse, où ils sont ; par après nous n'oublierons rien de ce qui se pourra pour avancer la paix, que je souhaitte de tout mon cœur (1). »

Rappelons surtout que Richelieu ne peut pardonner la reddition des places à ceux qui s'en rendent coupables. Il dit dans son *Testament politique* : « Toutes les fortifications sont inutiles si le gouverneur et les officiers qui commandent dans une place *n'ont le cœur aussi fort que ses murailles* et ses remparts. » Sa correspondance fait également foi, à plusieurs reprises de sa conviction à cet égard, mais nulle dépêche mieux que cette lettre adressée en Lorraine, le 30 juillet

(1) Richelieu commençait en effet à désirer la paix : l'opinion publique le reconnaissait.

1635, au maréchal de la Force : « Comme le roy récompense les services, S. M. ne peut pas souffrir que ceux qui la desserviront demeurent impunis... il est absolument nécessaire que vous faciés chastier, selon la rigueur des ordonnances militaires, ceux qui ont eu assez de lascheté pour rendre à ses ennemis, sans y être contraincts, des places dont elle leur avait confié la garde, afin que tel exemple retienne les autres dans le devoir. » Une autre missive du même mois comprend en plus cette phrase : « L'exemple de Deschapelles doit servir d'exemple au jugement de tels gens. » En 1636, un autre exemple surgit : les barons du Bec et de Saint-Léger sont condamnés à être tirés à quatre chevaux pour avoir rendu les places dont ils étaient gouverneurs. Plus tard, quand Saucour rend Corbie, il est condamné et sa maison de Tilloloy rasée ; même la ville reprise, Richelieu n'est point d'avis qu'on change rien à ces dispositions (1), et pourtant le jour où la France recouvrait Corbie, la résistance de Saint-Jean de Losne, dont les courageux habitants avaient juré de mourir plutôt que de se rendre, sauvait notre territoire national du côté de la Franche-Comté (2). Et Manicamp, enfermé dans la citadelle d'Amiens pour avoir rendu le fort du Bac ou plutôt les forts de Rheinaut ? Richelieu ne dit-il pas à son sujet, dès le 23 août 1638, dans un projet d'interrogatoire rédigé à Amiens : « La vie d'un gentilhomme, et particulièrement d'un homme de condition, consiste plus en l'honneur qu'autre chose, et partant il lui valait mieux mourir avec ses compagnons que vivre ailleurs ; » puis n'écrit-il pas deux jours plus tard à

(1) Voir sa lettre à Chavigny, 12 novembre 1636.

(2) *La misère au temps de la Fronde*, par M. Alph. Feillet, grand in-18, 1862, p. 22.

Louis XIII pour que le monarque n'engage pas sa parole et ne promette pas sa grâce lorsqu'il en sera sollicité ; mais le coupable avait *usurpé* son commandement et sa capitulation ne sauvait aucun des 2,000 hommes formant la garnison.

Jusqu'où Richelieu voulait-il que l'on poussât la résistance des places pour obtenir grâce à ses yeux ? Je n'ai rencontré d'indication précise à ce sujet dans aucune de ses lettres. Cependant on peut conclure, qu'il considérait une place minée par l'assiégeant comme pouvant être rendue, de ce passage de sa lettre à M. de Chavigny, datée du 25 août 1638 : « Un espion de M. de Chaunes a rapporté que le prince Thomas avait faict pendre le gouverneur de Ranty. *Il a attendu à se rendre que la mine fust faicte* (1) *et cependant il s'est faict pendre.* » L'ingénieur de Ville dont nous avons déjà parlé, et qui doit refléter l'opinion de ce temps, n'admet pas qu'on se rende « avant *un commandement exprès* de son prince (2). »

Richelieu se montrait aussi exigeant vis-à-vis des gouver-

---

(1) La mine partie, on n'était plus admis à se rendre. « Je manday hier à M. du Hallier qu'il les fist sommer, avec protestation que s'ils laissaient *jouer les mines*, il n'y aurait plus de capitulation. » Lettre de Richelieu au Roi, 12 sept. 1638. D'un autre côté il semble admis à cette époque que les très-petits postes doivent se borner à un simulacre de défense. « L'armée passa (en 1638), rapporte Henri de Campion, près de Bletterans, et après avoir emporté d'assaut un château, *dont l'on pendit le gouverneur pour avoir tenu dans un lieu qui ne devoit pas attendre le canon*, on alla camper à deux lieues de Poligny. » Il s'agit ici de l'armée du duc de Longueville. Voyez *Mémoires de Henri de Campion*, déjà cités, p. 77.

(2) *La fortification du sieur Antoine de Ville*, livre III, *Défense es places*, seconde partie, chap. XXIV.

neurs de place *en temps de guerre,* car en temps de paix il admettait pour eux l'absentéisme, la non-résidence au lieu de leur poste ou emploi. On en peut citer un exemple, celui de Fabert auquel il fait donner après la prise de Perpignan (1642) le gouvernement de Sedan, lui disant : « Le roi vous accorde le gouvernement de Sedan, et comme c'est *une place qui n'a rien à craindre,* cela ne vous empêchera pas d'être auprès de nous. Le roi vous donne encore avec ce gouvernement la nomination de toutes les charges (1), cherchez un bon lieutenant de roy et un brave major, auxquels vous puissiez vous confier, car il ne faut pas que vous vous attendiez à faire une résidence actuelle 'à Sedan, l'intention de Sa Majesté étant de vous employer ailleurs (2). » Mais en même temps comme il modifie sa tolérance au sujet de la non-résidence du gouverneur quand le second de ce dernier laisse à désirer, tout en soutenant le zèle et l'autorité du chef. Une lettre adressée au commandeur de Guitaut paraît concluante et l'estime particulière qu'il faisait de cet officier n'en atténue pas la portée : « Vous faictes fort bien de ne donner point congé aux officiers de vostre garnison d'aller chez eux durant l'esté, pour ne pas affoiblir la garde ; mais je ne trouveray bon que vous donniés permission à ceux qui auront des affaires d'y aller mettre ordre pendant l'hiver, pourvu que vous ne laissiés sortir que deux ou trois officiers à la fois, et que vous différiés d'y laisser sortir d'autres que les premiers soient revenus dans la place. — Je suis bien fasché que le sieur de Hérisson ne se conduit pas envers vous comme il devoit. S'il n'estoit

(1) Combien Louis XIV eut raison de reprendre pour la royauté le droit à ces nominations.

(2) *Histoire du maréchal de Fabert,* in-18, sans lieu d'impression, 1698, p. 117.

point porté par mon oncle le grand prieur, dont vous cognoissés l'humeur, j'y apporterois l'ordre que vous pouvez désirer, mais la considération de ce grand homme que je respecte, me retient et me faict vous prier d'en souffrir et pour l'amour de luy et pour l'amour de moy, autant que vostre honneur et la seureté de vostre place vous le peuvent permettre. Vous m'obligerés d'y pourvoir, de sorte que quand vous serés obligé d'en sortir pour faire vostre visite de l'isle (de Lerins) et de la coste, il n'en puisse arriver d'inconvénient en vostre absence. — Au reste n'apprehendés point que l'on vous puisse rendre de mauvais offices, ny qu'on vous puisse nuire auprès de moy ; outre que je vous tiens homme d'honneur, j'ay trop de confiance en vostre fidélité et vostre affection envers moy, pour croire aucune chose qui vous puisse être préjudiciable. Ayés donc l'esprit en repos de ce costé-là, continués à servir comme vous avés faict jusques icy, songés à la conservation de la place où vous estes (Richelieu n'oublie jamais ce point) et vous asseurés de mon affection. »

La préoccupation de Richelieu pour que les défenses de villes fortes se prolongent et donnent le temps aux secours d'arriver, montrent combien il tenait à ce que rien ne vînt déranger ses projets militaires et à ce que le territoire français ne fût point entamé. L'idée d'un pareil dérangement dans ses plans politiques l'effrayait avec raison, et cette situation d'esprit se retrouve dans ce passage du chap. vii de la 2ᵉ partie de son *Testament politique* où il recommande de destiner chacun à l'emploi qui lui est propre. « Un gouverneur d'une place importante, dit-il, destitué (privé) des conditions nécessaires à sa garde, peut en un instant tellement avancer la ruine de tout un royaume qu'à peine un siècle pourra-t-il réparer ses fautes (1). » Ailleurs il s'écrie :

(1) Edition de 1688, p. 248.

« Il faut veiller plus que jamais à toutes les frontières (2), »
et propose aussitôt de donner Chaulny et Noyon à garder
« à deux braves gens qui sachent ce que c'est que de se bien
deffendre (3). » Et il écrit en 1639, avec un regret · « La
négligence de ceux à qui Madame la duchesse de Savoie
commet ses places est pitoyable et insupportable tout ensemble (4). » Les grands fondateurs de notre unité, ceux qui
ont basé la grandeur et la puissance de la France sur le
pouvoir absolu et l'épée, ont constamment partagé cette
manière de voir du cardinal ; il suffit par exemple de parcou-
rir le traité *De la défense des places fortes* de Carnot pour
demeurer convaincu qu'elle était entièrement celle de
Napoléon Ier. Richelieu faisait mieux encore que menacer de
la colère royale ceux qui rendraient intempestivement les
places ; il s'en faisait donner le gouvernement quand il
n'avait pas confiance dans ceux qui y commandaient, comme
il le fit pour Brouage en février 1627, à cause de l'importance de ce poste en vue d'une attaque prochaine des Anglais
contre les îles de Ré et d'Oleron (5).

Si Richelieu voulait que la France conservât ses places,
celles que l'on pourrait appeler patrimoniales comme lui
appartenant de temps immémorial, il cherchait à priver l'adversaire de son pays, ou le voisin qu'il voulait conquérir,
de la possession privilégiée de semblables forteresses, ce qui

(2) Lettre au Roi, 13 septembre 1638.

(3) Lettre à Chavigny, 13 septembre 1638.

(4) Lettre au cardinal de La Valette, 8 avril 1639. Voyez lettres
à Chavigny, 3 mai et 19 août 1639.

(5) Brouage regarde le château d'Oleron et défend Rochefort
dont la possession importe à qui veut prendre ou conserver La
Rochelle.

confirme le rang élevé qu'il leur assignait dans la richesse et la puissance nationales, ainsi que l'appui qu'il comptait trouver en elles en cas de guerre. En 1634, par exemple, il exige du duc de Lorraine Charles IV, la cession de la place de Nancy pour quatre ans, en fait améliorer les fortifications. comme nous l'avons dit ci-dessus (p. 12) et songe déjà à la faire démolir si elle revient à la Lorraine, ce qui fut exécuté par Mazarin (1). Et comme il s'indigne en septembre 1638 à la nouvelle de la levée du siége de Fontarabie, assiégée par le prince de Condé et qu'il espérait voir bientôt entre nos mains : « La douleur de Fontarabie me tue, écrit-il au roi (2); » et comme il apprécie quatre jours plus tard ce regrettable événement : « Un gentilhomme de M. de Grammont asseure que M. le prince a faict faire la reveue de ses troupes depuis ce malheur et a trouvé près de douze mile hommes de pied. Cela faict bien cognoistre qu'il y a eu de très-mauvais cappitaines en ces quartiers-là, puisque douze mile hommes se sont retirez devant une armée où il n'y en avoit pas plus de sept ou huit mile, et ont laissé perdre leur canon et leur bagage. La première desroute est de Dieu, et la seconde peut estre attribuée à l'incapacité de ous les chefs. » Si nous ne craignions d'atténuer un tel jugement, nous ajouterions ici nos propres réflexions, mais il vaut mieux nous borner à relever que ce prononcé, rentrant dans les vues du cardinal et d'un chef d'armée, se trouve conforme à la situation et au caractère de Richelieu (3).

(1) *Vie de Charles V, duc de Lorraine.* in-18, Amsterdam, chez Garret. 1691, p. 12 et 51.

(2) Le 17 septembre.

(3) L'instruction de cette affaire fut longue. Richelieu se mit du côté du prince de Condé contre le duc de la Valette qui finit par

C'est pour cette même place de Fontarabie que le cardinal, excellent préparateur de ses entreprises, avait fait mieux encore, recommandant une diversion du côté de Perpignan ou de Pampelune, indiquant même la prise du fort du Bourguet, sur le chemin de Pampelune, dans le but de masquer les intentions de la France et d'atteindre pour ainsi dire Fontarabie sans que les Espagnols s'y attendissent : « Le déguisement des résolutions que vous prendrés, écrit-il à M. le Prince, le 22 avril 1638, est si important qu'il n'y a rien que vous ne debviés faire pour surprendre les ennemis. »

Et quand il désire qu'un siége réussisse, qu'une place ennemie devienne la possession de la France, comme il s'exprime, avec quelle énergie, quel feu ! « Je désire que nous ayons la place à bon prix, » dit-il d'abord, puis il continue : « Mais quoy qu'elle couste, soit d'argent, soit de temps, soit de peine, *il la faut avoir*, et, quand vostre circonvallation sera achevée, qui sera dans quatre jours, toutes les puissances de la terre ne vous en sauroient empescher, ayant Dieu de nostre costé, comme je l'espère (1). »

Nous aurions encore à citer, si nous voulions rappeler les cas où Richelieu fit détruire les places prises sur l'ennemi. Il écrit par exemple le 9 août 1639 : « Le rasement de nostre conqueste luxembourgeoise sera achevé après demain. *Ivoy* (il s'agit de cette place) *aura esté et ne sera plus.* » Ne peut-on voir, dans cette forme même de style, un partis pris, une intention formelle de démolir les remparts tournés contre nous.

---

s'exiler en Angleterre : ce dernier fut condamné à mort par contumace, rentra en France après la mort de Louis XIII et obtint alors l'annulation de son jugement.

(1) Lettre à M. de la Meilleraye, 21 juin 1639.

Richelieu s'occupa d'abord de la fortification en homm
de cabinet, car nous avons montré qu'il s'y attache spéciale-
ment et envoie des prescriptions à ce sujet dès 1627 : trois
ans plus tard, et de son cabinet encore, il fait enlever Pignerol par le maréchal de Créqui et ordonne de fortifier cette
place avec soin, comprenant à merveille qu'elle assure le
passage des Français du Dauphiné en Italie, et permet de
tenir en échec le duché de Milan sans envahir la Savoie proprement dite. Il entrevit ensuite la fortification en homme
de guerre, ayant pris part lui-même aux opérations, il est
vrai comme tête dirigeante, comme chef, sinon suprême, au
moins effectif de l'armée, justifiant ainsi ce propos du duc
de Rohan, son adversaire plus que son ami, quoiqu'il se
déclare son *affectionné* serviteur (1) et se « dise prêt à faire
à yeux clos » pour le bien de son service (2) : « Ceux qui
voudront sçavoir le *détail des fortifications*, le trouveront
dans une infinité de livres où elles sont descrites, *et encore
mieux dans l'exercice de la guerre*, où tous les jours l'expérience y fait ajouster quelque chose (3). » Cet exercice de la
guerre venait pour Richelieu et de sa coopération active et
personnelle à plusieurs campagnes et aussi de ce qu'il opi-
nait sur tout ce qui ressortissait aux affaires militaires ;
appartenant à l'Eglise, ministre d'une religion d'apaisement,
il aimait l'autorité, le commandement, il se plaisait à domi-
ner les hommes, à les diriger à son gré, et par conséquent les
rôles de guerre, où la volonté dirigeante se transmet et
s'exécute le mieux, ces rôles devaient lui plaire: on le savait,
on venait donc à lui pour l'entretenir d'approvisionnements,

(1) Dédicace de l'*Intérêt des Princes*.
(2) Rohan au cardinal de Richelieu, dépêche du 8 juillet 1636.
(3) *Traité de la guerre*, fin du chap. VIII.

de marches, de combats. Voyez encore le duc de Rohan ;
quand il envoie, le 26 septembre 1635, le vicomte de Melun
de la Valteline à la Cour pour exposer sa situation, ses difficultés, il recommande à cet envoyé et ce par écrit : « d'entretenir particulièrement M. le cardinal *de toutes choses* (1) »
Et Richelieu écoute en eff t, s'informe (2), réfléchit, travaille
jour et nuit, donne ses solutions.

Il écoute principalement quand il s'agit de fortification.
C'est pourquoi, le 27 novembre suivant, il répond à Henri de
Rohan : « Afin que vous ne soyez pas toujours obligé de conserver les passages de la Valteline, par des combats dont les
succès sont incertains et douteux, le roi a estimé à propos de
vous envoyer un ingénieur pour faire fortifier pendant l'hiver
les postes que vous jugerez vous être avantageux et qui peuvent faciliter la garde et conservation des lieux que vous
occupez maintenant. » Cet ingénieur reçoit l'injonction de
suivre ponctuellement les ordres de Rohan, mais il a dû con-
verser avant son départ avec Richelieu, et ce dernier n'est pas
fâché d'influer sur cette branche de l'art militaire et de faire
mettre à exécution ses idées sur la défensive dans un pays de
montagne. Ce qui le ferait croire, c'est qu'un lieutenant des
gardes du cardinal, le sieur de la Houdinière, est chargé de
mener à Rohan ledit ingénieur plus un *commis du trésorier*
portant avec lui 60,000 livres pour lesdites fortifications qui
doivent être élevées à Tiran pendant ces neiges de l'hiver, le

(1) *Mémoires de Rohan sur la Valteline*, t. 2, p. 149.

(2) Ses lettres en font foi. Par exemple celle du 5 sept. 1638
à M. de Chavigny : « J'attends le retour de Joannes, qui m'advertira
du retranchement qu'auront faict les ennemis. » Dans la lettre du
29 août 1638 au roi, cet individu est désigné *Jouanes le trompette*,
c'était sans doute un courrier.

meilleur préservatif de toute attaque : c'est aussi que depuis, soit par le retour de ce lieutenant, soit dans ses dépêches subséquentes, Rohan ne manque pas d'informer *Son Eminence* qu'il *travaille fort et ferme* aux fortifications de la Valteline, ou bien *qu'il avancera tant qu'il pourra* lesdites fortifications.

Au sujet des fortifications, Richelieu s'occupe, et ce n'est pas un soin indifférent, de faire exactement payer les travaux qu'on y entreprend et d'aligner à jour la solde des troupes (1) qui y tiennent garnison ; non seulement de la sorte il accélère et anime le service qui ne languit plus, faute de son aliment le plus naturel, mais il enlève tout prétexte aux gouverneurs de forteresses de chercher à se couvrir de leurs avances en se rendant pour une somme d'argent, comme cela eut lieu trop souvent à cette époque, soit en faveur du parti royal (2), soit contre lui.

Et ici, puisque nous parlons deniers, relevons un fait qui

(1) Néanmoins la discipline des troupes demeure mauvaise jusqu'en 1630. Je cite un témoignage irrécusable : « On estimoit que la réduction des villes de La Rochelle, Montauban et autres, feroit cesser les extorsions de guerre qui ont continué jusques en cette année *mil six cent trente*, en la Bourgogne et autres provinces, sinon si cruellement comme avant la réduction, au moins suffisamment pour rendre le peuple insoluable à subuenir à Sa Majesté et à son Estat. » *Discours pour le restablissement de la milice de France*, par René Le Normant. In-4°. Rouen, 1633, p. 139.

(2) « Pour lors tout coûtoit au Roi jusqu'à l'obéissance de ses sujets et jusqu'à la sûreté de ses places et de ses provinces. » *Hist. de Gassion*, in-16, Amsterdam, 1696, t. 1, p. 16. Cette réflexion suit la mention de la remise de deux forteresses au connétable de Lesdiguières, par Gouvernet-Montauban et Brisson, moyennant finances.

honore la mémoire de Richelieu : c'est à lui que remonte, au moins par rapport aux modernes, l'invention d'un trésor ou réserve en vue des dépenses qui surgissent inopinément (1). On ne peut assurer que ce fut uniquement pour les *affaires subites* de guerre, car dans ce cas le cardinal serait l'auteur de l'une des traditions, qui acceptées par les Hohenzollern, ont fondé la grandeur de cette maison royale, mais il est certain qu'il possédait toujours un dépôt de quinze cent mille livres, soit chez le chanoine des Roches, soit chez l'intendant de Mauroy, et qu'il légua, par un article spécial de son testament, cette réserve au roi Louis XIII. En cet acte le rôle de ladite réserve se trouve clairement indiqué, voici dans quels termes : « De la quelle somme je puis dire avec vérité m'estre seruy très vtilement aux plus grandes affaires de son Estat, en sorte que si ie n'eusse eu cet argent en ma disposition, quelques affaires qui ont bien succédé, eussent aparemment mal réussi : ce qui me donne suiet d'oser suplier Sa Maiesté de destiner cette somme que ie luy laisse, pour employer en diuers occasions, qui ne peuvent souffrir la longueur des formes des Finances. » Pour ne rien céler nous ajouterons une réflexion : on a répété au sujet de ce legs (2) que Richelieu avait voulu par là détruire les plaintes de l'opinion publique

---

(1) Son *Testament politique* définit en effet les finances: « le point d'Archimède qui étant formement établi donne moyen de mouvoir tout le monde, » et déclare que « dans un grand Etat il faut toujours des deniers en réserve pour subvenir aux occasions imprévues. » 2ᵉ partie, chap. ix, section 7. Il aime assez que le particulier se trouve dans le même cas et se méfie des gens contraincts « à être fort soigneux du revenu de leur sac. » Relisez à ce sujet le chap. v du livre iii de *l'Esprit des lois*.

(2) Et aussi au sujet du don du Palais cardinal (Palais Royal) fait également au Roi.

contre son luxe et son avidité, (1) mais j'ai peine à croire que
ce soit là son seul motif; un homme d'un tel caractère n'a pu
tromper à ce point et il doit y avoir du vrai dans les considé-
rants testamentaires dont nous venons de donner lecture (2). A
l'appui de cette opinion je puis d'ailleurs invoquer ce passage
d'une lettre du ministre de Noyers : « Tous les soins, toutes
les veilles, tous les travaux d'esprit qui roulent perpétuelle-
ment en cette haute et sublime intelligence, n'ont d'autre
but que le soulagement du peuple (3). »

(1) Quand le cardinal avait besoin d'argent, il exerçait une pres-
sion et frappait des impositions sur le clergé : ce mode d'opérer,
l'un de ses moyens financiers, souleva de nombreuses réclamations
et une résistance spéciale de la part de M de Montchal, archevêque
de Toulouse. Voyez les *Mémoires* de ce dernier publiés en 1718, à
Rotterdam, dans le format in-12, chez Gaspar Fritsch, notamment
t. 2, p. 109 et 119.

(2) Richelieu avouait la faiblesse de ses connaissances en finances
(Voyez *Lettres et papiers d'Etat.* t. 6, p. 880), mais l'idée d'une
réserve d'argent provient du simple bon sens.

(3) Lettre au comte de Sault, de Charonne, le 19 avril 1636, à la
p. 55 du tome III de l'édition in-18 des *Mémoires pour l'histoire
du cardinal duc de Richelieu*, recueillis par Aubery, Cologne, chez
Pierre Marteau, 1667.

CONCLUSION.

Il résulte des faits relatés dans ce mémoire, et aussi des extraits de lettres et des renseignements divers y cités, que le cardinal de Richelieu s'occupait de la construction et de l'amélioration des places fortes et s'y entendait ; qu'il voulait de puissantes frontières ; qu'il prit part à des siéges, fut le chef réel de plusieurs, malgré la présence du roi, et exerça à ce titre son influence d'une façon utile, mettant, au secours d'une partie essentielle de l'art militaire, les ressources de sa puissance et de son caractère ; enfin que, s'il ne coopéra à aucune défense de ville, il anima certainement plusieurs de ces défenses, de loin, par sa correspondance, par l'armement et les approvisionnements dont il les dota, par l'augmentation de leurs garnisons, le choix de leurs gouverneurs, surtout par sa recommandation expresse de pousser la résistance jusqu'à la dernière limite. C'est dire que le grand ministre dont nous venons de parler, malgré la multiplicité et l'importance de ses travaux, malgré également une santé chétive, trouva le temps de s'adonner fructueusement à l'art de la fortification, aux secrets d eprendre les forteresses, aux errements suivis dans la défense des places de guerre ; nous avons donc eu raison de le considérer à ce point de vue et de traiter un sujet qui montre *Richelieu Ingénieur*.

Ed. de La Barre Duparcq.

1er juin 1868.

ORLÉANS. — IMP. ERNEST COLAS.

DE LA

PUISSANCE DE DESTRUCTION

A LA GUERRE

PAR ÉD. DE LA BARRE DUPARCQ.

DE LA PUISSANCE DE DESTRUCTION

A LA GUERRE.

Post-Scriptum. — Il paraît convenable de s'occuper des engins de guerre inventés à nouveau et de leur puissance destructive. La commission internationale réunie à Saint-Pétersbourg le 29 novembre (11 décembre) 1868 pour examiner la question des *balles explosives,* vient de les faire interdire d'un commun accord, mais sans doute, elle n'a pas borné son champ d'action à ces balles, elle a dû discuter tout ce qui se rapporte aux instruments les plus meurtriers; c'est dans l'intention de venir en aide aux articles et avis divers, déjà publiés à ce sujet, que nous rassemblons les notions suivantes.

I

INTRODUCTION.

On ne cesse d'inventer des armes, des machines de destruction de plus en plus redoutables, de plus en plus promptes; encore un effort et il semble qu'un chercheur habile ou heureux trouvera le moyen d'anéantir une armée d'un seul coup. Ce n'est pas uniquement depuis la guerre d'Allemagne de 1866 et les effets très-remarqués du fusil à aiguille prussien ; déjà antérieurement, dès la dernière guerre d'Italie surtout, où parut pour la première fois, l'artillerie rayée, on avait proposé une multitude d'inventions que des guerriers attardés du moyen-âge traiteraient de *diaboliques* avec plus de raison encore que les premières armes à feu.

Il ne faut pas se préoccuper outre mesure du résultat que ces perfectionnements peuvent amener, et voir en imagination à la première grande guerre, des nations disparaissant en partie sous les coups plus terribles ou mieux portés de leurs adversaires. Indépendamment de ce que la guerre se fait contre les armées et non contre les populations, indépendamment aussi du peu de durée que les luttes guerrières semblent aujourd'hui pouvoir embrasser (en raison de la perturbation qu'elles apportent dans la vie sans cesse plus mêlée des peuples), il existe ce motif consolant que plus la guerre devient destructive, plus elle s'éloigne, les nations reculant devant ce moyen extrême et appauvrissant, en sorte qu'on peut presque considérer l'invention d'un engin effrayant comme un mobile pacifique, tout au moins comme une cause qui milite en faveur de la rareté des combats.

Mais il faut considérer ces inventions à un autre point de vue et dégager l'influence qu'elles peuvent exercer sur l'action militaire ; par exemple le succès appartiendra-t-il dorénavant au peuple qui disposera des machines de guerre les plus fortes et les plus nombreuses ? L'opinion publique paraît disposée à le croire, et la question vaut la peine d'être examinée (1). Auparavant constatons que, parmi les inven-

(1) Si l'usage excellent de traiter, en des conférences instituées dans les grands centres militaires, comme à Paris, les questions à l'ordre du jour, si cet usage s'implantait en France, un aperçu passant en revue les inventions nouvelles relatives à la guerre serait l'un des premiers sujets à aborder.

tions de guerre récemment émises, plusieurs sont sérieuses et méritent qu'on y attache de l'importance.

II

EXPOSÉ DES PRINCIPALES ARMES [1] OU MACHINES MILITAIRES RÉCEMMENT INVENTÉES [2].

1. — *Canon Amstrong de 300.* — Cette pièce a été essayée à Shœburyness, le 28 février 1862, ayant encore l'intérieur lisse ; elle lançait alors un boulet sphérique de 150 livres anglaises avec une charge de 40 livres ; depuis elle a été rayée et adaptée à un boulet de 300 livres.

2. — *Le fusil Chassepot.* — A l'imitation du fusil à aiguille prussien, il a surgi, depuis la victoire de la Prusse sur l'Autriche, plusieurs systèmes de fusils se chargeant par la culasse et s'enflammant au moyen d'une aiguille placée dans l'axe, entr'autres le fusil français, dit modèle 1866 et dû à M. Chassepot. Un tireur ordinaire peut tirer, avec ce dernier fusil, 8 à 10 coups par minute, et un tireur exercé jusqu'à 14 ; cette arme se nettoie d'elle-même par l'explosion de la poudre, ce qui évite l'encrassement rapide auquel se trouvaient sujets les premiers fusils à aiguille. Les blessures produites par la balle du chassepot sont en spirale et plus redoutables par cela même que celles provenant des anciennes

---

(1) Nous laissons de côté certaines inventions, les tubes Loeck par exemple.

(2) Nous traitons ici la question exclusivement au point de vue de l'armée de terre : sans cela nous rappellerions le *projectile sous-marin explosif* du lieutenant-colonel Dévèze, destiné à l'attaque des vaisseaux cuirassés, et la *torpille* de M. l'amiral de Chabannes.

armes. Ce nouveau fusil permet en outre de tirer avec justesse à une assez grande distance, avantage réel qu'il possède sur le fusil à aiguille prussien, au moins sur celui qui a servi dans la guerre de 1866.

3. — *Canon à Aiguille.* — Ce canon est de l'inventeur du fusil à aiguille prussien, M. Dreyssè. Il s'agit d'un canon jumelle monté sur affût. L'affût sépare les deux pièces qui s'assemblent sur lui, et sert en même temps de coffre à munitions ; les roues demeurent en dehors. Un homme s'asseoit derrière chaque canon, l'ouvre, y place une gargousse, pointe au moyen d'un mouvement circulaire, et tire sans quitter sa place, c'est-à-dire en restant assis sur son siége et la poitrine appuyée dans la fourchette ; l'explosion ne le dérange en rien de sa place, car il n'y a pas le moindre recul. Aussitôt part le deuxième coup tiré par l'autre canon et ainsi de suite, à raison de 8 coups en tout par minute, soit quatre pour chaque canon. Il y a dans cette nouvelle bouche à feu des combinaisons très-remarquables ; l'inventeur espérait, dit-on, qu'elle était destinée à révolutionner la fabrication des pièces d'artillerie comme son fusil à aiguille a détrôné dans le monde entier l'ancien fusil.

4. — *Nouveau fusil Dreysse.* — Il s'agit encore d'un fusil à aiguille, mais *sans fût ni crosse* ; cette arme est tout en fer, plus légère de 3 livres (1 k. 41) que le fusil à aiguille prussien actuel, moins chère de 2 à 3 thalers (7 fr. 42 à 11 fr. 13) pouvant tirer 8 coups à la minute et ne manquant guère son but à 1,000 pas. Le fût et la crosse sont remplacés par une sorte de talon tourné, au moyen duquel l'arme s'appuie solidement à l'épaule ; grâce à cette disposition le tir est moins pénible, et s'effectue uniquement avec un bras. Dans ce nouveau fusil un mécanisme produit le retrait de

l'aiguille presqu'en même temps que son mouvement en avant, de sorte que l'aiguille ne reste pas dans le milieu où l'explosion se produit et de la sorte se détériore moins. Toute l'arme est garnie de cuir, ce qui rend son maniement plus commode.

5. — *Canon Rodman de 432 livres* (1). — Les essais relatifs à cette pièce ont eu lieu au fort Montroe en septembre 1866 (2). Son projectile rond, tiré à une distance de 550 yards (495 mètres), a percé les plaques en fer de 4 pouces d'épaisseur (10 centimètres) qui recouvraient un rempart en granit ; il a suffi de 11 coups pour briser ces plaques, déplacer et broyer les blocs de granit.

6. — *Canon Krupp.* — Il s'agit d'un canon en fonte d'acier, coulé à Essen, par la fabrique Krupp, pour figurer à l'Exposition universelle de 1867. Cette bouche à feu colossale, du poids de 17,500 kilog., lance comme projectile une espèce de cylindre conique en fonte d'acier (3), pesant 500 kilog. et nécessitant par coup l'emploi de 30 kilog. de poudre.

Cette pièce, après avoir subi plusieurs modifications, a été expérimentée notamment au mois de septembre 1868, à Berlin même, et a percé facilement des plaques de 9 pouces.

7. — *Canons-monstres.* — On forgeait à Saint-Chamand,

(1) Les expériences faites à Lorient au mois de novembre 1866, c'est-à-dire à peu près à la même époque, ne dépassaient pas un poids de boulet de 144 kilogrammes et une portée de 6,000 mètres, mais il s'agissait de bouches à feu à placer sur les navires.

(2) On s'occupait déjà aux Etats-Unis de chercher un fusil pour l'usage de l'armée fédérale ; le système Berdan pour la transformation des armes existantes et la carabine Spencer pour la cavalerie semblaient prévaloir.

(3) On sait que ces lingots d'acier percent des cuirasses de 16 centimètres, ce qui menace l'avenir des vaisseaux cuirassés.

(en janvier 1867) un canon en acier qui devait peser 23,000 kilog. Liége fabriquait en juin 1868 un canon de 24,000 kilog. On fondait en Prusse, au mois de mars 1867 un canon de 50,000 kilog., dont le transport pour l'exposition de Paris a soulevé de graves difficultés. Enfin l'Amérique nous offre, comme le canon Krupp, un canon tirant des projectiles du poids de 500 kilog. mais avec une charge plus forte (36 et 40 kilog. de poudre) ; cette pièce arme la tourelle du navire nommé *Puritan*, et la surcharge du poids de 40,823 kilog.

8. — *Machine à lancer des balles.* — Cette invention tire son origine de l'Amérique, on la nomme *Gatling battery Gux*. Elle ne lance point de grenades mais simplement de la mitraille composée de balles, et en projète beaucoup à la fois ; on peut la comparer à un canon à six tuyaux. La Bavière a expérimenté cette machine dont il existe un modèle américain et un modèle belge, et qui semble avoir servi de point de départ à la suivante.

9. — *Les mitrailleuses.* — On manque sur cet engin tenu secret de détails exacts. Il s'agit, paraît-il, de petits canons en cuivre, ayant une portée double de celle du fusil à aiguille (soit 1,000 mètres), très-légers, très-faciles à manier, pouvant être traînés et même portés momentanément à bras d'hommes, pour franchir un fossé, par exemple. On les charge à mitraille, d'où leur nom. Chacun des régiments de l'infanterie française en recevrait deux.

Suivant une autre version la mitrailleuse se composerait de vingt-cinq canons de fusils rayés et tirerait deux fois par minute (1).

Diverses suppositions ont été émises sur cette machine;

---

(1) Elle enverrait donc 50 balles par minute.

on a comparé les mitrailleuses aux canons rayés de Solférino, aux fusils à aiguille de Sadowa, on leur a prédit le même avenir et un triomphe éclatant au jour de leur apparition. Elles ont déjà figuré au combat de Monte-Rotundo contre les Garibaldiens. Leur grand avantage consiste en ce qu'elles dotent, les feux qui accompagnent l'infanterie, de la portée du canon.

10. — *Canon-revolver Claxton.* — Ce canon a paru très-défectueux dans les essais de tir, plusieurs fois renouvelés au polygone de Tegel, près Berlin. Toutefois nous le citons parce qu'il offre quelque analogie avec la mitrailleuse alors employée au même polygone dans un but comparatif, cette mitrailleuse offrant trente-sept petits canons rayés, ouverts du côté de la culasse, réunis en faisceau au moyen d'une chappe de fer, puis campés sur un affût dont chaque branche porte une caisse remplie de munitions, le mécanisme de la charge et de la décharge se mouvant à peu près comme dans un révolver.

Les canons révolvers accéléreraient évidemment le tir, et alors Dieu seul sait ce que l'on tirerait de boulets un jour de bataille, puisqu'à Sadowa les Autrichiens seuls, avec des pièces bien arriérées, ont fourni un total de 46,535 coups.

11. — *Fusil à grenades.* Ce fusil lance des grenades de faibles dimensions, lesquelles éclatent par leur choc contre un obstacle sans contenir pourtant de poudre fulminante. On dit cette arme terrible, occasionnant de douloureuses blessures, toutes mortelles. Son invention remonterait au fameux Dreysse mais ce fusil a été perfectionné depuis la mort de cet inventeur. Lesdites grenades peuvent aussi se lancer avec les mitrailleuses; ce sont les balles explosibles dont, sur une proposition qui fait honneur à l'initiative de la Russie, la plupart des puissances ont, par un engagement

international, restreint l'emploi aux fusils et mitrailleuses destinés à faire sauter les caissons d'artillerie ou de cartouches.

La grenade, ou projectile creux, est de forme ovale, porte 53 millimètres de long et pèse 88 grammes. Il a fallu songer au recul de l'arme car ce projectile est lourd ; aussi le fusil à grenade offre-t-il, au lieu de la crosse ordinaire, une crosse mobile fort ingénieuse munie d'un ressort à spirale, laquelle ressemble assez à celle des fusils de rempart à aiguille. A la fin de 1867 on n'était pas encore satisfait à Berlin des essais relatifs au fusil à grenades.

12. — *Nitro-glycérine.* — Cette matière peut remplacer la poudre au moins dans la guerre de mines, puisqu'elle a été employée le 28 novembre 1866 pour détacher des rochers des bords de l'Arense dans le canton de Neuchâtel (1). Il faut la manier avec précaution ; son transport au milieu de voyageurs est interdit.

13. — *Coton poudre en grains.* — Un perfectionnement vient d'être apporté à la poudre-coton, on est parvenu à la *granuler* comme la poudre ordinaire.

14. — *Pompe à pétrole enflammé.* — Cet engin est dû à un ingénieur américain, il a pour but de projeter à une distance relativement importante, du pétrole enflammé, et peut servir dans l'attaque des forts, des maisons et des vaisseaux. Son invention date du début de 1868.

15. — *Fusil* (2) *Larsen à tir rapide.* — M. Larsen, armurier

___

(1) Une charge de 6 livres de nitro-glycérine enfoncée à 21 pieds de profondeur, dans une excavation cylindrique de 2 pouces de diamètre, a détaché une masse de près de 11,000 pieds cubes.

(2) Au sujet de ce dernier fusil, rappelons que les fusils à *tabatière* mis en essai par la marine, vers la fin d'octobre 1868, à Toulon, n'ont

Norwégien, a construit un fusil se chargeant par la culasse avec lequel il obtient un tir des plus rapides sans rien sacrifier de la justesse. Chacun se rappelle la façon merveilleuse dont il a essayé son arme à Vienne dans la halle des tireurs, en présence de S. M. l'Empereur François-Joseph, tirant, en trois minutes, jusqu'à cinquante-trois coups, soit *dix-sept coups par minute*.

16. — *Air insufflé dans les yeux.* — On a beaucoup discouru de cette prétendue découverte due à un oculiste de Turin, le docteur Castronni ; l'air insufflé d'une certaine façon dans les yeux, tuerait, dit-on, les animaux en quelques secondes ; des expériences auraient été faites sur des lapins et des chiens. Espérons que cet affreux moyen, s'il est vrai, constitue un mystère qui ne pourra être rendu applicable aux hommes, surtout à distance, et que de la sorte on ne sera pas tenté de construire un engin de guerre pour l'utiliser.

17. — *Fusil Winchester.* — Il s'agit d'un fusil à répétition, lequel donne jusqu'à dix-neuf coups par minute, mais il est vrai avec charge entière et plein réservoir, d'après les expériences faites à Spandau dans les premiers jours de novembre 1868 ; le système de cette arme paraît trop compliqué, et un tiers de ses coups ne porte pas. Comme on obtient déjà de dix à quatorze coups avec les autres armes en usage, depuis le fusil Wanzl jusqu'au fusil Remington, le fusil Henri Winchester ne paraît pas offrir en ce moment un grand avantage (1).

pas donné de résultats satisfaisants, et qu'il est de toute nécessité de les améliorer.

(1) En terminant cette énumération, signalons que les fusées ne figurent pas parmi les engins ou projectiles mentionnés ; on n'a perfectionné, dans ces derniers temps, que les fusées de sauvetage destinées à lancer du rivage un câble à un navire battu de la tempête.

18. — *Picrates.* — Les picrates sont des combinaisons de l'acide picrique avec une base d'alcali (potasse ou soude). On obtient l'acide picrique (ancien amer de Welter ou acide carbazotique), en traitant, par de l'acide nitrique, l'acide anilique, l'indigo, la soie ; cet acide sert dans la coloration des étoffes et donne de beaux verts ; chauffé brusquement il détonne. Les picrates détonnent avec plus de vigueur encore ; on les utilise pour composer des poudres d'une grande force (1), et aussi des poudres à décomposition lente quand on augmente dans le mélange la quantité du charbon.

III

LES INVENTIONS NE RESTENT PLUS SECRÈTES ET DEVIENNENT COMMUNES ENTRE LES DIVERSES NATIONS.

Ne croyons pas aujourd'hui à la conservation complète et longue d'un secret. Le temps est plutôt aux indiscrétions ou si l'on veut à la similitude des recherches et des découvertes ; il suffit de savoir que telle chose a été inventée pour se mettre sur sa trace et la découvrir à son tour. Cela s'applique surtout aux grandes nations qui disposent de ressources puissantes et ont à leur disposition des officiers et des savants de toute sorte.

Si donc ces nations, au moins celles qui ont la pensée rapide et sont promptes dans l'exécution, peuvent inventer et posséder presque à la fois les plus terribles engins, faut-il

(1) La puissance de ces poudres, très-susceptibles d'emploi à la guerre, vient de se révéler d'une manière terrible dans l'explosion du chimiste Fontaine, dont la maison occupe à Paris un des angles de la place de la Sorbonne.

fonder sur eux une idée de puissance qui reposerait tout au plus sur une courte priorité? Dans la plupart des cas ce serait imprudent.

Comme l'a déjà exprimé un écrivain compétent en ces sortes de matières, que nous effleurons ici armé seulement de notre initiative de publiciste, la chose militaire tend à s'uniformiser chez tous les peuples : organisation, armement, manœuvres, matériel.

IV

CONCLUSION.

Nous avons vu les machines de guerre se multiplier et réaliser de grands progrès ; puis nous avons mis en lumière que ces progrès ne restaient aujourd'hui exclusivement entre les mains d'aucun peuple. Aussi peut-on dire : l'on trouvera toujours un fusil meilleur que le fusil de la veille (1), un canon plus terrible que le dernier canon inventé, et soit fusil nouveau, soit canon nouveau, chaque nation ne tardera pas à savoir comme sa voisine, les fabriquer et s'en servir.

Les machines de guerre ne restent donc, en ces temps de publicité, la propriété exclusive de personne; elles peuvent d'ailleurs se détériorer et puis elles agissent brutalement, sans intelligence, elles continueraient presque leur action en aveugles, l'ennemi n'étant plus là, à moins que les munitions ne vinssent à leur manquer, car elles ne sauraient s'en procurer.

Mais il est une machine très-supérieure qu'on n'invente pas et à laquelle on ne pense plus, *l'homme* qui fait le fond et la force des armées. C'est sur cette machine vivante que les

(1) Le fusil à aiguille prussien se transforme en une arme entièrement en fer (voyez ci-dessus le n° 4 consacré au nouveau fusil Dreysse) ; en France le Chassepot semble dépassé.

gouvernements doivent porter leur attention s'ils veulent se ménager la victoire ; il faut le mettre en nombre suffisant sous les armes et le former avec soin, c'est-à-dire faire mieux sous ces deux rapports que son rival.

L'homme en effet est de complexion et de caractère variables ; l'éducation militaire modifie encore ses dispositions. En sorte qu'il est tel pays qui produit naturellement de bons soldats ; s'il s'ingénie en outre à les parfaitement dresser, il possédera des troupes excellentes. Ce que nous disons du soldat s'applique aux chefs militaires ; bien faire la guerre c'est exercer un art, et l'on ne devient un artiste sérieux et capable qu'à force de travail et d'application employés à développer ses aptitudes naturelles.

En un mot l'homme constitue la machine militaire par excellence, machine intelligente, impressionnable, susceptible de réactions morales ; il s'agit donc d'avoir des soldats et de les bien préparer. Ce sont les hommes, ce sont leurs jambes dirigées par une stratégie habilement combinée sur le théâtre de la guerre et par une tactique entendue sur les localités restreintes appelées *champs de bataille*, qui remporteront la victoire et assureront le triomphe, même aujourd'hui, avec la tendance exagérée de les faire combattre en éparpillement (1); ce sont encore les hommes qui animeront la longue défense d'une place assiégée et feront mieux à cet effet que canons et machines quelconques. Ne nous y trompons pas et quoiqu'on ait dit : « la France est une puissance d'artillerie » tenons pour certain, même en France, que l'infanterie reste l'élément principal, indispensable des armées ; seulement il faudra modifier ses allures de manière à la soustraire de plus en plus aux effets destructeurs de la nouvelle

----

(1) Cette tendance, jadis la nôtre, semble aujourd'hui nous revenir de Prusse; est-on donc bien certain de ne plus combattre en lignes et même en masses ?

artillerie, des nouvelles armes portatives et des inventions meurtrières qui peuvent surgir, peut-être même faudra-t-il lui donner une cuirasse (1); là est le secret. Vienne un chef d'armée de premier ordre, il saura bien dégager l'inconnue, comme on dit en style mathématique, et trouver sa voie.

(1) On a proposé en Anglerre une armure pour le fantassin qui pèserait *dix livres* seulement, tout en restant efficace.

Ed. DE LA BARRE DUPARCQ.

Post-Scriptum : — Nous désirons, pour ce petit écrit, qu'il montre combien les machines sont loin d'être tout à la guerre, qu'il prépare l'opinion et facilite les décisions à prendre par les commissions internationales en vue de circonscrire le champ de la destruction à la guerre. — Déjà il est question de neutraliser les villes et stations d'eaux thermales.

Tiré à 200 exemplaires. — Avril 1869.

ORLÉANS. — IMP. ERNEST COLAS.